NKO

「日本の歴史」
7
戦後篇

「戦後」混迷の時代から

渡部昇一

WAC

渡部昇一『日本の歴史』第7巻　戦後篇

「戦後」混迷の時代から

●目次

第3章 占領政策が多くの「敗戦利得者」をつくった

第4章 日本の歴史を奪った占領軍の「教育改革」

第5章 「占領政策基本法」だった新憲法

第6章 昭和天皇の悲劇

第7章 保守本流を支えた日米安保条約

装幀／神長文夫＋柏田幸子

第1章

戦後はポツダム宣言違反から始まった

ポツダム宣言は有条件

日本の戦後はポツダム宣言の受諾《じゅだく》によって始まった。

ポツダム宣言を受諾した日、私は旧制中学に工場を造るため、体育館の床を剝がしたりしていた。

その日、重大な放送があるというので、廊下に出て皆で聞いた。ラジオから流れる不鮮明な天皇陛下のお言葉から、私たちはすぐにポツダム宣言を受諾したんだ、負けたんだということを悟った。当時の旧制中学三年生くらいの男子生徒は、国際情勢に対して鋭かったのである。いまの中学三年生では、あんなふうに理解はできないと思う。

私の姉は役場に勤めていたのだが、やはりラジオの音が聞き取りにくかったようで、役場の人たちは内容を理解できず、「天皇陛下が何かおっしゃったのだから、皆で頑張ろう」と万歳をしたそうだ。

ポツダム宣言は十三項目からなる。その第五項に、「吾等ノ條件ハ左ノ如シ」と書いてあるが、英語では「條件」（条件）は「terms」になっている。これが、ポツダム宣言は無《アン》条件降伏《コンディショナルサレンダー》（unconditional surrender）ではなく有条件降伏（capitulation）であり、占領軍が日本を好き勝手にできないことを示している。キャピチュレイションというのはサレンダー（降伏）の条件《タームズ》を付けること、またその条件を記した文書を指す。

第五項は、日本に対して、次の条件で戦争を止めたらどうかというオファーである。そして日本はそのオファーを受けた。こういう場合、条約の曖昧《あいまい》な点は、国際法的にはオファーを受けたほうに有利に解釈される。

このポツダム宣言を作るにあたってアメリカでは、はじめ、日本に対してドイツと同じように無条件降伏を強制する意見が強かった。

しかし日本とドイツは違う。ドイツはヒトラーも死に、政府もなく、交渉相手がない状態だった。ところが、日本は交渉相手としての政府が残っていた。

さらに、アメリカの陸軍長官スティムソン（注１）の条件は、もし日本に無条件降伏を強制したならば、日本はどこまでも戦い抜くかもしれない、硫《い》黄島《おうとう》や沖縄の例でもわかるように、アメリカ軍にも多大な損害が出るかもしれないから「軍隊だけの無条件降伏にすべきだ」と言ったのである。有条件降伏の案は、アメリカの軍部のほうから出たのだ。そしてそのとおりの条件が、ポツダム宣言のなかの一条件となったのである。

さらに、知日派で知られるグルー大使らは、日本に皇室を残すと言えばもっと簡単に戦争は終わるだろうと言ったのだが、その条文を削らせる力のほうが強かったのである。

ここで重要なのは、日本政府は「無条件降伏をした」と間違った解釈をしている人がいるが、そうではなく、ポツダム宣言は日本政府に対しての、日本の陸海軍に無条件降伏させよという唯一条件を含むオファーだということである。

（注1）**ヘンリー・スティムソン**（一八六七〜一九五〇）米国務長官時代、満洲における日本の軍事行動を非難する「スティムソン・ドクトリン」を公表。一九四〇年に陸軍長官に再任され、日系人の強制収容を推進し、原爆製造と日本への投下を管理指導した。

コミンテルンの陰謀

では、ポツダム宣言における有条件とは何だったのか。重要な点を細かく見ていこう。

ポツダム宣言の第六項には、「世界征服ノ挙ニ出ツルノ過誤ヲ犯サシメタル者ノ権力及勢力ハ永久ニ除去セラレサルヘカラス」という文がある。つまり、日本国民を騙《だま》して世界征服をしようという気を起こさせた権力、勢力は永久に除去されるべし、という意味である。

しかし、世界征服という考え方は日本のポリシーになかった。これがあったとされた所以《ゆえん》は、田中義一《たなかぎいち》内閣の時の「田中メモ」（田中上奏文《じょうそうぶん》）である。それを見て、ルーズベルト米大統領が日本を滅ぼさなければならないと決心したと言われている。

ただ、日本では「田中メモ」なるものは誰が書いたかもわからないので、インチキだということになっていた。

「田中メモ」のなかには、日本は満洲を征服して、そこを足掛かりにしてシナを征服し、そして世界を征服するというシナリオが書いてある。

そして、そこにはさらに会議が開かれた様子が書かれていて、山縣有朋《やまがたありとも》（注１）が出席していることになっている。しかし、田中義一は長州閥で首相になった人だから、その親分格の山縣有朋が大正十一年（一九二二）に亡くなっていて昭和二年（一九二七）とされる会議に出席できないということを知らないわけがない。だから、「田中メモ」に信憑性《ぴょうせい》がないことは明らかだ。

東京裁判でも、シナの検事側からは「田中メモ」が出された。しかし、証拠として認められなかった。

最近の研究では、このメモはコミンテルン（注２）がモスクワで作って世界中に広めたとされている。当時、ソ連の指導者・スターリンは満蒙《まんもう》国境に関心が高かったから、そこに世界の注目を引きつけておきたかったのだろう。

コミンテルンの陰謀のために、ポツダム宣言のなかには、日本に対する認識が誤っていた部分があったのである。

第七項には、「連合国ノ指定スヘキ日本国領域内ノ諸地点ハ吾等ノ茲《ココ》ニ指示スル基本的目的ノ達成ヲ確保スルタメ占領セラルヘシ」とある。これは、日本の戦争をする力を排除するために、国内領域のいくつかの地点を占領するということである。

しかし、戦後は日本全土が占領された。明らかな条約違反だ。

第八項には、「『カイロ』宣言ノ條項ハ履行《リコウ》セラルヘク」とある。

カイロ宣言とは、昭和十八年（一九四三）にルーズベルト、蔣介石《しょうかいせき》（国民政府主席）、チャーチル英首相が結んだものである。このなかでは、「宣言」は日本の侵略を止めるために行なうものであって、自分たちの利益のために何かを要求することはない、領土拡張については一切考えないと言っている。

そして、大正三年（一九一四）の第一次世界大戦開始以後に、日本が取ったり、占領したりした一切の島は取り上げると書いてある。つまり、第一次大戦後、委任統治領《いにんとうちりょう》として日本に与えられた南洋群島（マーシャル、カロリン、マリアナ、パラオなどの諸島）である。また、満洲、台湾、澎湖島《ほうことう》という、日本が清《しん》国からとった地域を中華民国に返すと言っている。

ということは、カイロ宣言によれば、北方領土は返還の対象に入らない。ポツダム宣言では、わざわざカイロ宣言を履行すると書いてあるのだから、日本からすればこんなおかしなことはない。

遡《さかのぼ》れば、昭和十六年（一九四一）八月に大西洋（ニューファウンドランド・バンク沖）でルーズベルトとチャーチルが、イギリスの戦艦プリンス・オブ・ウェールズ（昭和十六年＝一九四一年十二月十日、マレー半島クアンタン沖で日本の航空隊により撃沈される）とアメリカの軍艦オーガスタ号の上で会談して大西洋憲章を発表している。そのなかでは領土の変更を認めないと言っているのだから、カイロ宣言自体が大西洋憲章の精神に違反していると言える。

さらに、ポツダム宣言の第九項には、日本軍隊は完全に武装解除してすぐに自分の家に帰ること、とある。しかし、ロシアはシベリア抑留《よくりゅう》の日本人六十万人を帰さなかった。

第十項では、日本人を奴隷化するものではない、しかし捕虜虐待《ほりょぎゃくたい》したものは処罰すると言っている。これは国際条約に準じているが、ただし第十項で重要なのは、「日本国国民ノ間ニ於《オ》ケル民主主義的傾向ノ復活強化ニ対スル一切ノ障礙《シヨウガイ》ヲ除去スヘシ」と言っている点である（傍点渡部）。

だから、ポツダム宣言の時点においては、明治憲法の下で民主主義的傾向があったときちんと理解されていた。左翼は戦前が真っ暗な軍国主義だったというようなことを言っているがそれは違う、とポツダム宣言が言っているのである。

十三項には「日本国政府カ直ニ全日本国軍隊ノ無條件降伏ヲ宣言シ」とある。これは先述したように、日本国政府に日本軍隊を無条件降伏させろということだ。

ポツダム宣言は国際条約であり、契約である。契約というものは、その契約の締結者の双方を縛《しば》るものである。したがって、日本を縛ると同時に相手国も縛らなくてはならない。ところが、連合国側は縛られなかった。

（注1）**山縣有朋**（一八三八～一九二二）　長州藩出身の軍人・政治家。高杉晋作《たかすぎしんさく》の奇兵隊《きへいたい》に参加して頭角を現し、明治維新後、ヨーロッパの兵制を視察して陸軍創設、徴兵令制定に活躍した。初代参謀本部長。のち陸相、内相、首相、枢密院議長を歴任。典型的な藩閥政治

家として明治政府を主導し、元老《げんろう》として政界を支配したが、大正十年(一九二一)、裕仁《ひろひと》親王(当時皇太子、のちの昭和天皇)の妃に内定していた良子《ながこ》女王(のちの香淳《こうじゅん》皇后)に色盲遺伝を理由に婚約辞退を迫った事件で権威を失墜させた。

(注2)**コミンテルン**　一九一九年、レーニンの率いるロシア(のちソ連)共産党を中心に、各国共産党および社会主義グループによってモスクワに創設された国際共産主義運動の指導組織。世界革命をめざしたが、一九四三年、ソ連の政策転換によって解散。第三インターナショナル。

マッカーサーの復讐

昭和二十年(一九四五)九月二日に、ミズーリ号上でポツダム宣言受諾の調印式があった。これは「宣言」を「条約」にする儀式である。日本からは、日本政府全権としての重光葵《しげみつまもる》外相、大本営全権の梅津美治郎《うめづよしじろう》参謀総長が出て、連合国からはマッカーサー米陸軍元帥《げんすい》が出てきた。

この調印式の段階では、まだ戦争は終わっていない。戦争は講和条約の発効で終わるのだから、休戦状態ということである。にもかかわらず、連合国側は降伏ということに重きを置いた。そして九月六日に、トルーマン米大統領からマッカーサーに通達があった。連合国と日本とは契約的基礎の上に立つものではなく、無条件降伏を基礎とするものであって、日本はマッカーサーの命令を遵守《じゅんしゅ》するものであるという。つまり、トルーマンはポツダム宣言の契約に違反したのである。これに関して、日本に一切の責任はない。あちらが勝手に破ったのだ。

九月十五日には、同盟通信社という共同通信社と時事通信社の前身が、「占領政策をめぐって、日本政府と占領軍が交渉しているようだ」という情報を出そうとした。するとマッカーサーは、「連合国は日本を平等と見なさない。文明国家としての地位と権利を認めない」と言った。つまり、占領軍司令官は非文明国・日本に命令するのであって、交渉はしないということである。

これに対して、当時の外務省の萩原徹条約局長は、ポツダム宣言は明らかに有条件降伏である、と骨のあることを言った。するとマッカーサーは激怒して、萩原さんはすぐに左遷《させん》されてしまった。

私は、萩原さんとは個人的に何度か座を同じくする機会があった。戦後の怪物と言われる田中清玄《たなかせいげん》（注1）氏に私がドイツ語を教えていた関係で、清玄さんが外国人と会う時によく通訳を頼まれていた。その時に、清玄さんはよく萩原さんを料亭の会食の席に招いていたのである。清玄さんは萩原さんをとても大事にしていた。今から考えると、その境遇に同情していたのだろう。

萩原さんは、左遷されても、彼の人物自体を見てくれる清玄さんという人がいたわけだが、他の外務省の人たちは、萩原さんを見て、マッカーサーに逆らうと左遷されると感じたと思う。

萩原さんは料亭の座敷でも口をきくことはなく、黙々として飲むだけだった。私の知っている出版社の社長も、萩原さんと清玄さんと同席したことが何度かあったそうだが、私と同じ印象を受けたという。

トルーマンという人物については、戦後、日本で論じられることはほとんどなかった。しかし数年前、鳥居民《とりいたみ》さんの『原爆を投下するまで日本を降伏させるな――トルーマンとバーンズの陰謀』（草思社刊）で、トルーマンは原爆を投下するまで待っていた卑怯《ひきょう》な人間で、自分の権威を示すためには何でもやったということが明らかになっている。

トルーマンはルーズベルトが死んで、たまたま副大統領から大統領になった人物なので、何かにつけて自分の権威を誇示《こじ》したかったのだろう。日本のことは、かつてアメリカが滅ぼしたインディアンくらいにしか考えていなかったのかもしれない。ポツダム宣言についても有条件降伏であることなど知ったことではない、という態度だったのである。

マッカーサーも同じような人物である。父親も軍人で、フィリピンの初代総督《そうとく》だった。親子二代にわたってフィリピンに縁がある。フィリピンはアメリカが独立させると約束しながら、させなかった国だ。マッカーサーは日本をフィリピンと同程度の国だと思っていたのではないか。

ところが、マッカーサーは大東亜戦争時、フィリピンで日本軍になす術《すべ》もなくやられてしまった。日本のフィリピンに対する攻撃は決して奇襲とは言えない。ハル・ノートの前からアメリカは、日本が攻めてくるとすればウェーキとグアム、そしてフィリピンだと知っていたのだから。ハワイを攻撃するかどうかは確信を持てなかったとしても。

つまり、正真正銘《しょうしんしょうめい》、マッカーサーはフィリピンで日本軍に負けた。そして、バターン半島に約五万人の軍隊を置き去りにして、妻子と幕僚を連れてコレヒドールから魚雷艇でミンダナオ島に脱出し、そこから飛行機でオーストラリアのポートダーウィンに逃げた。当時のアメリカの戦略爆撃機を預かっていたにもかかわらず、それは全滅され、なす術もなく兵を残して逃げたのだから、これは軍人としては大きな恥である。昭和十七年（一九四二）三月十一日のことであった。

しかしアメリカとしては、白人が有色人種に負けるということはあってはならないことだから、マッカーサーの顔をたてなければならない。それで、マッカーサーを反攻のための陸軍の総司令官にした。

マッカーサーが連合国軍西南太平洋方面総司令官に任命されたのは、フィリピンを逃げてから約五週間後の四月十九日のことであった。フィリピンの司令官から格上げされたわけである。これは、「フィリピンでアメリカ軍が日本軍に負けるのは当然であった」というアメリカ軍当局の判断があったものと見られる。しかしこの人事には、「本当は日本に負けたのではない」ということを示すための配慮があったのだろう。

海軍のほうの総司令官はニミッツである。ニミッツはサイパンを落とした直後、すぐ日本を攻めるよう提案した。あのとき、そのとおり攻められていたら当時の日本は、硫黄島も本土も無防備だった。ところがマッカーサーは強力に主張して、フィリピンを取り戻す戦争をした。

しかし戦後、軍事専門家は、どう考えてもあのフィリピン作戦は不要だったと言っている。マッカーサーが日本に対する恨みを晴らすためだけに行なった作戦だったのだ。

マッカーサーの恨みは強く、日本がポツダム宣言を受諾してから、まず自分をフィリピンから追い落とした本間雅晴《ほんままさはる》陸軍中将、それから終戦時のフィリピン防衛の司令官であった山下奉文《やましたともゆき》陸軍大将の二人を、全く形式的な裁判のあと、簡単に死刑にした。これは復讐《リンチ》である。

アメリカ人の弁護人もついていたが、こんな裁判をしたら恥になる、とわざわざ本国に帰って裁判をやめさせようとした人もいるほどだ。

マッカーサーの復讐はその後も続く。のちに山下・本間両将軍のマニラ裁判についてのローレンス・テーラー著『将軍の裁判』（武内孝夫・月守晋訳、昭和五十七年、立風書房）という本が出版された時、ライシャワー博士（元駐日大使）がその本の裏表紙で、マッカーサーの二重人格、狭い心が表れていると批判していた。

（注1）**田中清玄**（一九〇六～一九九三）　本名きよはる。日本共産党書記長から獄中で天皇主義者に転向。昭和十六年（一九四一）に出所後、禅僧・山本玄峰《やまもとげんぽう》に弟子入り。戦後は実業家として政財界に大きな影響力を持った。

人種差別の国だったアメリカ

トルーマン、マッカーサー両者に言えることだが、彼らの行動にはアメリカの文明の特質がはっきり表れている。

イギリスの作家、G・K・チェスタトンの弟で、セシル・チェスタトンという人がいる。この人はジャーナリストで、第一次世界大戦に出征してフランスの陸軍病院で亡くなった。

その彼が『アメリカ史』という本を、一兵士として負傷して一時帰国した時に書いている。これは、非常に権威のある叢書《そうしょ》「エブリマンズ・ライブラリー」に入っているが、そのなかでチェスタトンは、「アメリカ文明の特色は中世がなかったことである」と言っている。

アメリカには中世がなかったから、ヨーロッパから直にギリシャ、ローマ文明が入ってきた。その特徴として、奴隷制度を復活させたと言っているのだ。アメリカにおける奴隷制度の復活を中世の欠如という見地から指摘したのは、彼が最初だろう。

中世に対してはいろいろな見方があるが、暗黒時代とプロテスタント史家に言われている中世一千年の間に奴隷制度が自然になくなったということはたしかである。その中世がアメリカにはなかった。

また、初期のアメリカの公共の建物はたいてい、古代ギリシャ風か古代ローマ風であり、中世のゴシック建築ではない。それは、アメリカのニューイングランドに最初に移民した人たちがピューリタン、つまり新教徒で、中世以来のカトリックに反対した人たちだったからだ。

さらにチェスタトンが指摘していることは、アメリカに中世がなかったため騎士道の伝統がない、ということである。

もう一つ、私の意見を加えておけば、アメリカには、三十年続いたカトリックとプロテスタントによる宗教戦争に終止符を打ったウエストファリア条約の概念が実感としてなかったと思う。

一六四八年に作られたウエストファリア条約は世界の三大条約の一番古いものだが、この条約の非常に重要な方針は、その国の君主の宗教は国民の宗教であって、お互いに他国の宗教には口を出さない（cujus regio, eius religio）ということである。

この条約は戦後も守られている。北アイルランドでＩＲＡ（アイルランド共和軍）によるテロが続き、サッチャー元首相も危ない目に遭ったが、それでも彼女はテロを批判こそすれ、カトリックを批判することはなかった。

ブッシュ前大統領もイラクに民主主義をつくると言って大軍を派遣し、内政干渉を行なったが、イスラム教を批判してはいない。

しかし、マッカーサーとアメリカにはウエストファリア条約の精神が浸透しておらず、日本に対して「神道指令《しんとうしれい》」（注1）を出している。これはあってはならないことだ。現在のアメリカが「イスラム指令」など出すだろうか。

いま、トルーマンやマッカーサーのことを考える時、このような当時の人種差別の状況を知っておかないと彼らの考え方は理解できないだろう。スプルーアンス太平洋艦隊司令長官の自叙伝には、アメリカ海軍はアジア系の人間や黒人などの非白人は厨房《ちゆうぼう》以外には使わないと書かれている。

というのは、他の部署で白人以外を使って出世されると部下ができる。有色人種に部下として使われるのは、白人には我慢ならないことだ。だから、そういう状況は作らないという意味だ。こういう状況が、太平洋の戦争が終わるまであった。明らかな人種差別である（日本軍にはコリア人の将校が少なからずいたが、日本人兵士は彼らを上官として仰ぎ、命令に従った)。

人種差別がなくなったのは大東亜戦争のおかげで、植民地だった地域の有色民族たちが独立心に目覚めたからだ。いまでこそ黒人大統領も生まれるようになったが、アメリカで黒人が平等に見られるようになったのはベトナム戦争の頃からである。非常に遅い。エドナ・ファーバーのベストセラー小説を映画化した、ジェームズ・ディーン主演の『ジャイアンツ』がヒスパニックの女性に対する差別を描いて注目を集めたのは画期的なことだったが、それも一九五〇年代後半のことだった。

これが、まだ人種差別が白人の持つ当然の権利として考えられていた時代に、ポツダム宣言が不当に破られた背景なのである。

(注1)**神道指令**　昭和二十年(一九四五)、マッカーサーを最高司令官とするGHQ(連合国軍最高司令官総司令部)が日本政府に対して発した覚書《おぼえがき》「国家神道、神社神道に対する政府の保証、支援、保全、監督ならびに弘布の廃止に関する件」の通称。国家神道の廃止、政治と宗教の徹底的分離、神社神道の民間宗教としての存続などを指示した。

戦後日本の元凶

戦後の占領政策を語る時、占領軍がプレスコード（注1）を押しつけたことにも触れなくてはならない。そこには、表現活動において触れることを厳禁した三十項目が記されている。

1　占領軍総司令部（連合軍最高司令官、マッカーサー）の批判
2　東京裁判の批判
3　占領軍総司令部が日本国憲法を起草したことへの批判
4　検閲への言及
5　米国の批判
6　ソ連の批判
7　英国の批判
8　朝鮮人の批判
9　支那の批判

10 その他の連合国の批判
11 連合国の全体批判
12 満洲での日本人処遇への批判
13 連合国の戦前の政策の批判
14 第三次世界大戦への論評
15 ソ連と西側諸国との対立への論評
16 戦争弁護の宣伝
17 神国日本の宣伝
18 軍国主義の宣伝
19 民族主義（国家主義）の宣伝
20 大東亜に関する宣伝
21 その他の宣伝
22 戦争犯罪人の正当化または弁護
23 占領軍将兵の日本人女性との懇交
24 闇市場の取引

25　占領軍の批判
26　飢餓状態の誇張
27　暴力行為と不穏《ふおん》状態の誘導
28　虚偽の陳述
29　占領軍総司令部（または地方の軍政部）への不適当な言及
30　時期尚早の発表

ポツダム宣言の第十項には、「民主主義の復活強化に対する一切の邪魔をなくし、言論、宗教及び思想の自由並びに基本的人権の尊重は確立せらるべし」という内容が謳《うた》われている。しかし、占領軍は戦前の日本よりも過酷な言論統制を行ったのだ。

これもポツダム宣言に真《ま》っ向《こう》から違反するものである。明らかに宣言を破っている。

戦前の日本にも検閲はあったが、×や○印で消されているので消したことがわかる。しかし、このポツダム宣言違反の言論統制は、そもそも検閲があったことを知られてはならない。そこが消されたということがわからないように、文章を作り直さなければならなかった。

検閲にあって、削られた箇所を別の文章で埋めることができなかったら、その号の新聞は発行できなくなる。紙のない時代にようやく用紙を手配して発行する努力をしている新聞社は、そんなことで発行できなくなったらたまらない。そうすると、どんどん自己規制をしていくことになる。手足を縛られる。

ここからきたのが戦後の日本人のメンタリティーの特徴、何事についても「そんなこと言ってもいいんですか」という卑屈《ひくつ》さだ。戦前の日本人には皇室に対する以外、「そんなこと言ってもいいんですか」というメンタリティーはなかった。これは現在まで続いている問題である。

北朝鮮が核実験をして、かの国の核の脅威が出てきた。しかし、ロシア、中国、アメリカは北朝鮮の核への強力な対抗手段がある。韓国については、北朝鮮は富める韓国を統一したいのだから核を撃ち込まれるはずがない。北の核の目標になっているのは日本だけなのである。

にもかかわらず、朝日新聞は核の議論をすることもいけないと言っている。新聞というメディアが「議論」をしてはいけないという発想は、新聞の自殺にほかならない。

それから民主党の鳩山由紀夫首相、小沢一郎幹事長（肩書きはいずれも執筆時点のもの）

などを議論してはいけないと言う。議員が議論してはいけないと言うなら、議員をやめてもらうより仕方がない。

これらの元凶がポツダム宣言違反の占領軍プレスコードで、「そんなこと言ってもいいんですか」の後遺症《こういしょう》である。

朝日新聞が「チョーニチ新聞」と言われるのも、北朝鮮のための言論を展開していたからだ。鳩山さんの祖父（鳩山一郎）は昭和のはじめに、政府の統帥権干犯《とうすいけんかんぱん》問題（注２）を振り回して日本亡国への政治的な道を開いてしまった。「政府攻撃のためなら何をしてもよい」という危険な悪例として、鳩山さんには祖父の犯した大罪を思い起こしていただきたい。

ポツダム宣言が遵守《じゅんしゅ》されていたら、戦後の日本はずっといい国になっていただろう。

（注１）**プレスコード**　昭和二十年（一九四五）、日本の報道・出版活動を規制するため、GHQが発令した新聞編集綱領。正式名称は「日本に与うる新聞遵則《じゅんそく》」。同二十七年、講和条約発効により失効。

（注２）**統帥権干犯問題**　昭和五年（一九三〇）のロンドン海軍軍縮会議をきっかけに、陸

海軍の軍備は天皇の統帥権（軍隊の最高指揮権）の下にあるのだから、軍縮条約など政府がこれにかかわるのは統帥権を干犯する憲法違反だと軍部が主張した問題。鳩山一郎をはじめとする野党政治家やマスコミもこれに追随し、軍部の独走を許すことになった。くわしくは第6巻（昭和篇）を参照。

ポツダム宣言受諾は憲法に基づく

もう一つ、重要なことを付け加えておきたい。

日本政府は無条件降伏した、と日本人の誰もが間違った認識をしていた時に、それを指摘した人たちの功績は記憶しておくべきだと思う。前述した外務省の萩原徹条約局長のほかに、学者でも少なくとも二人いる。

京都大学名誉教授で国際法学者であった田岡良一氏、青山学院大学名誉教授で法学博士の佐藤和男氏である。この二人は法学の大学者で、オーストリア憲法の起草者であることで有名なハンス・ケルゼン教授の影響を受けている。『デモクラシーの本質と価値』（岩波文庫、西島芳二訳）という著書のあるケルゼン教授は、ポツダム宣言は有条件降伏だと言明していた。

さらに、ポツダム宣言について多くの日本人が忘れていることは、ポツダム宣言受諾がどのようにして行なわれたかということだ。これは大日本帝国憲法の天皇大権に基づいていた。

天皇大権については第十七条まであるが、特に有名なものは以下の三条である。

第十一条　天皇ハ陸海軍ヲ統帥ス
第十二条　天皇ハ陸海軍ノ編制及《オヨビ》常備兵額ヲ定ム
第十三条　天皇ハ戦ヲ宣シ和ヲ講シ及諸般ノ条約ヲ締結ス

このうち第十一条と第十二条は、戦前の統帥権干犯の時に問題にされた条項である。第十三条に関しては、濱口《はまぐち》雄幸《おさち》による濱口内閣の時に問題になったことがある。

昭和五年、海軍の補助艦保有量の制限を主な目的としたロンドン海軍軍縮会議によって、日本は軍縮を飲んだ。それに対して海軍から、「天皇の大権に背《そむ》いて、勝手に政府代表が軍縮を決めてきた」という「つぶやき」が出た。これは陸軍にも及んだが、単なる「つぶやき」にすぎなかった。

この「つぶやき」を取り上げて、政友会の鳩山一郎、あとで暗殺された犬養毅《いぬかいつよし》などが騒ぎ出したので、それにジャーナリズムがのって統帥権干犯問題に発展した。そして、のちには政治が軍部に口を出せない状況が生まれることになった。

この時、濱口首相は、第十三条を使って天皇大権があるからといって天皇が直接、外交の場に出れば、それは専制君主と同じではないか、外交特権同様に我々は天皇に認可された政府が条約を結んだのである、と議会できちんと言っている。その後、濱口首相の暗殺未遂事件などが起こった。

しかしポツダム宣言は、まさにこの大日本帝国憲法十三条の天皇大権の発動によって受諾したのである。この点が重要だ。日本はしっかりとした政府があり、その政府が憲法に基づいて、ポツダム宣言の有条件降伏を受諾したということだ。これが戦後の問題を考えるうえで、極めて重要なことなのである。

そして、こうしたポツダム宣言の延長線上に、東京裁判がある。

第2章

儀式化された復讐《リンチ》「東京裁判」

東京裁判の図式

平成十八年（二〇〇六）七月に、粟屋憲太郎《あわやけんたろう》氏が『東京裁判への道』（講談社）を出版した。この粟屋さんについて、私にはこういう記憶がある。

マッカーサーが昭和二十六年（一九五一）五月、アメリカの上院軍事外交合同委員会で、日本の先の戦争の原因は主に自衛の目的であった（Their purpose, therefore, in going to war was largely dictated by security.）と証言したことを、私は雑誌『Ｖｏｉｃｅ』（ＰＨＰ研究所）で、原文を引用して論じた。雑誌論文にこの原文を引用したのは、これがおそらく日本で最初だったろう。

すると、一読者から手紙がきた。東京裁判の専門家である粟屋さんに、マッカーサーはこういうことを言っているらしいが、と手紙を書いたところ、「そんなはずはない」という返事が粟屋さんから来たが、これはどういうことでしょうか、と。

だから私は、『ニューヨーク・タイムズ』に出たマッカーサーのその証言部分（この原文を私は小堀桂一郎《こぼりけいいちろう》氏からいただいた）をコピーしてお送りした。それきり、その読者からは何の音沙汰《おとさた》もない。もちろん、粟屋さんもそれについては何も発言しない。そう思っていたら、最近、先の本を出版したというわけだ。

東京裁判史観というものを批判し始めるとキリがないのだが、この粟屋さんという人は、完全に占領当初の占領軍の視点から日本を見ている。さらに、当時の連合国検察官よりも日本を貶《おとし》めようとしている。

一例を挙げれば、東京裁判では問題にもならなかったような従軍慰安婦、朝鮮人強制連行まで持ち出して論じている。

また、毒ガスを製造していたことを裏付ける記事を発見したことを大威張りで報告し、毒ガス弾の写真も載せてある。この毒ガスの問題がなぜ東京裁判で取り上げられなかったかと言うと、毒ガスはどの国でも持っていたからだ。大砲の弾を持っているから有罪だと言っているに等しく、取り立てて騒ぐようなことではない。

また、粟屋さんは八〇年代に朝日新聞が載せた毒ガス記事まで使っている。朝日新聞は、写真入りで報道した毒ガス記事が煙幕《えんまく》の間違いであることを産経新聞などに指摘されて、答えることができなかった。東京裁判の専門家が、そんな記事を今頃になって頼りにするとは驚きである。

このように、粟屋さんは当時の反日的な人や日本をよく知らない敵性外国人の視点よりも、さらに日本憎しの視点を持っている。この本は、東京裁判の被告になった人の人間模様を知りたい人以外、読む必要はないだろう。裁判の本なのに国際法の視点がゼロだからだ。粟屋さんは極端な例かもしれないが、戦後の昭和史の書き手の多くは、東京裁判史観から戦前の日本を見ていることを忘れてはならないだろう。

では、東京裁判とはどういうものだったか。わかりやすく説明しよう。

たとえば、二つの暴力団、山川組と海山会というものがあったとする。その二つの暴力団の抗争で、山川組が圧勝した。その後、山川組の若頭十一人が集まって海山会の幹部を裁き、指をつめさせたりした。

東京裁判とはこのような性質のものだ。裁くための法が先にあったわけではない。形としては、両者、暴力を使った挙げ句、勝ったほうが既存の法律によらずに負けたほうを裁いたという図式である。儀式化された復讐劇と言ってもいい。「裁判官の一人ひとりは自分の良心によって裁いた」と言う人もいるが、その裁判官には中立国からも敗戦国からも入っていないのだから、結局は「勝者の裁判」なのである。

東京裁判は、この図式を頭に入れて論じなければいけない問題である。これさえ理解しておけば、いかに馬鹿げた裁判であったかということがよくわかる。

清瀬弁護人の活躍

　裁判というものに関する重要なことだから繰り返すが、まず、裁判官が中立国から一人も入っていない。本来は中立国からだけ、裁判官を出せばいいのだ。それが無理でも、戦勝国と同数の裁判官を敗戦国から出して裁くべきである。裁判官が戦勝当事国からしか出ていないというのは、普通に考えればおかしな話であろう。

　しかし、そんななかでも清瀬一郎《きよせいちろう》弁護人は、涙が出るくらいの活躍をした。当時は占領軍がいて日本は武装解除されているのだから、何をされても文句が言えない状況だった。そのなかで、毅然《きぜん》として日本国の弁護をした。

　しかも、弁護人は検事と違って、費用もほとんど自腹を切っていた。あとから、これは酷いということで裁判所からお金が出たらしいが、検事側から見れば雀の涙ほどの金額である。検事は権力を使ってどんな証拠でも引っ張ってくることができたが、弁護人のほうは手弁当で証拠を探したのだ。

　清瀬弁護人は自分の家でもない焼け跡の建物に住んで、畑を耕して芋を作り、それを食べていた。そのおかげで、戦前からの糖尿病が治ったくらいだという。彼はのちに衆議院議長になったがそれも当然で、首相にしたいような人だった。

その清瀬弁護人は、はじめから裁判の管轄権《かんかつけん》を問題にした。この指摘にウェッブ裁判長は何も答えられなかった。アメリカのスミス弁護人も同様に管轄権を問題にしたが、その時もウェッブ裁判長は答えられなかったのである。スミス弁護人は、「管轄権も明らかにできないような裁判は公訴棄却《こうそききやく》にすべきだ」と主張したほどだった。

さらに清瀬弁護人は、ウェッブ裁判長がニューギニアの戦犯問題で検事役を兼務していたことを指摘し、裁判長としての資格がないと主張した。それで裁判官忌避《きひ》が行なわれたのである。結局、連合国軍の司令長官であるマッカーサーの命令で任命されたのだから裁判官の忌避は認められない、ウェッブ裁判長のままでいくということになった。法的に自分の地位を守ることすらできず、マッカーサーの命令でのみ動いた裁判だったのである。

東京裁判でただ一つよかったのは、そのなかでだけは言論の自由が保障されていたことである。当時の日本は、前章で述べたプレスコードでもわかるように一切の言論の自由がなかったわけだから、これはよかった。

なぜ言論の自由が保障されていたかというと、弁護人のなかにはアメリカ人もいたからだ。東京裁判は主として英米法に基づいて執《と》り行なわれたが、日本人は英米法に慣れていないという理由からアメリカ人が起用された。

そのアメリカ人の弁護人たちは戦勝国の味方をしたかというとそうではなくて、彼らは弁護士精神に燃えて本当によくやってくれた。ジョージ・A・ファーネス（重光葵《しげみつまもる》担当）弁護人、ベンブルース・ブレークニー（開戦時および終戦時の外相・東郷茂徳《とうごうしげのり》担当）弁護人らは、「国際法上合法である戦争で人を殺しても罪になるはずがない」「公正を期すために中立国の判事を入れよ」などと東京裁判の問題点を指摘した。

さらにブレークニー氏は、「原爆を投下した者が裁く側にいる。長崎、広島に投下された原爆の残虐性《ざんぎゃくせい》は誰が裁くのか」という主旨の発言をしている。

アメリカ人の弁護人の一人は、最初は「やりたくない仕事を仰せつかった」と思ったが、引き受けて調べてみると被告の無罪を確信するようになり、裁判自体が不法であると思うようになった、と公開の場で述べている。

アメリカに騎士道精神なし

東京裁判で日本政府は、天皇が裁かれるかどうかということを非常に心配していた。

戦勝国が国際法に基づいて裁判を行なっているのであれば裁かれる心配など全くなかったのだが、そうではなかったからだ。

戦時国際法というのは十七世紀の三十年戦争のあとに西洋で作られたものだが、佐藤和男教授が指摘しておられるように、これは二人の紳士が決闘する時の心構えに準じていた。つまり、国家同士の決闘であるということだ。決闘というのは紳士同士の「言い分」があることなので、裁判で善悪を決めることはできないとされていたのである。

戦時国際法は交戦法規を定めている。決闘のプロセスのなかでの、開戦手続きや捕虜を虐待してはいけないなどについての規則である。だから、戦争をしている国家の主体には法は及ばない。

天皇は日本の元首だったから、戦争権を持っていた。他の国も大統領や首相が戦争権を持っていたのだ。

その戦争権とは何かというと、開戦する権利と戦争を続ける権利である。だから国際法では、「いまから戦争をします」と開戦の宣言をすれば戦争をしていい。ただ、日本は真珠湾攻撃を国交断絶以前に行なったということが問題だった。しかし、天皇陛下も東《とう》條英機《じょうひでき》首相も参謀総長も軍令部総長も連合艦隊司令長官も、日本の誰にも無通告攻撃する意思はなかった。

しかし、いわゆるＡ級戦犯の人たちは、事前に開戦通告が行なわれなかったことをひどく気に病んでいた。外務大臣であった東郷茂徳は裁判で、「海軍が開戦手続きをせずに真珠湾攻撃を行なおうとし、しかもそのことを裁判で言うなと嶋田繁太郎《しまだしげたろう》（海軍大将。開戦時は海軍大臣）と永野修身《ながのおさみ》（海軍大将。開戦時は軍令部総長）に脅迫された」と証言した。

日本が無通告攻撃をしてしまったのは、そもそも外務省のミスであるため、東郷はそれを気にしたのだろう。これに反論するために、嶋田は二度も証言台に立った。被告同士が争った珍しい例だが、結局、東京裁判では問題にはならなかった。

しかし、これを問題にするならば、アメリカは何度も戦争をしているが、戦闘の前に宣戦布告をした例はないことも指摘されている。テキサス占領でもハワイ占領でも、グアム島やフィリピンを手に入れた米西《べいせい》戦争でもそうだった。

前述したように、アメリカには中世がなかったことと、三十年戦争がなかったことが非常に大きい。だから少なくとも、マッカーサーには騎士道精神がなかった。

東京裁判とは別の裁判だが、マッカーサーはフィリピンで本間雅晴《ほんままさはる》中将、山下奉文《やましたともゆき》大将を簡単に死刑にした。自分がフィリピンで負けたからといって敵の大将を簡単に死刑にするのは、騎士道精神とは無縁なやり方だろう。

さらに、フィリピン第十四方面軍司令官の山下奉文大将が、停戦命令を受けて降伏調印式場に出た時、そこにはパーシバル中将がいた。パーシバルはシンガポール陥落の時に、山下将軍に降伏したイギリス軍司令官である。そのパーシバルに、山下が降伏文書に調印する姿を見せるためにわざわざ呼びよせるなどというのは、騎士道精神に反すると言っていい。

乃木希典《のぎまれすけ》（注1）大将がステッセル（注2）に示した態度と比べてみるがよい。乃木大将は「昨日の敵は今日の友」と言い、ステッセルの名誉を重んじて、写真を撮らせる時も剣を持たせたりしている。

日露戦争時、日本には騎士道精神があった。しかし、アメリカの指導者が日本人に騎士道精神を示すことはなかった。ゲリラならいざ知らず、堂々と戦って敗れた敵将に対して、「武士の情《なさけ》」あるいは「騎士の礼儀」を示すのが武士道、あるいは騎士道の本質である。しかしマッカーサーは、山下大将を軍人らしい銃殺刑ですらなく、絞首刑にしたのである。

（注１）**乃木希典**（一八四九～一九一二）旧長州藩士。陸軍大将。西南戦争、日清戦争に出征。日露戦争では第三軍司令官として旅順《りよじゆん》要塞《ようさい》を苦戦の末に攻略。のち学習院院長。静子《しずこ》夫人とともに明治天皇の大葬の日に殉死《じゆんし》した。

（注２）**ステッセル**（一八四八～一九一五）帝政ロシアの将軍。日露戦争で旅順要塞司令官として日本軍と戦い、要塞陥落後、降伏して水師営《すいしえい》で乃木将軍と会見を行った。

「裁判」と「判決」は違う

東京裁判に関する議論のなかで、いまでも通用する判決を行なっているのはパル（注１）判事のものだけだ。パル判事は、判事のなかで唯一人の国際法学者だった。

しかし意外に面白いのは、イギリスのモーリス・Ｐ・ハンキーである。この人は『戦犯裁判の錯誤《さくご》』（長谷川才次訳、時事通信社出版局、一九五二年）という本を書いている。

ハンキーはイギリスの海軍大学を出て、非常に出世した。そして第一次世界大戦の時、イギリスにはそれまでなかった内閣府を初めて作って、日本でいう官房長官になった。

この人がいかに優秀かということは、ハーバート・ヘンリー・アスキス、デビッド・ロイド・ジョージ、アンドリュー・ボナー・ロー、スタンリー・ボールドウィン、ラムゼイ・マクドナルド、ネヴィル・チェンバレンとイギリスの六代の首相に仕《つか》えたことからもわかる。軍事顧問として最高に優秀な人だったのだ。

彼は回顧録を書こうとしたのだが、ウィンストン・チャーチル、クレメント・アトリー、ハロルド・マクミランの三代の首相がその出版を禁じた。たぶん、あまりに正直なことを書いたのだろう。

軍人でありながらバランスのとれた人間だったハンキーは、第一次世界大戦が終わってからも、ワシントン会議、ジェノア会議、ハーグ会議、ロンドン会議というイギリスが関係した重要な国際会議に、イギリス側の事務局長的な役割で参加している。

そのハンキーは、「東京裁判は、戦勝国は敗戦国を勝手に断罪してもよいという悪例を残した」と言っている。

ここで、「東京裁判」と「東京裁判の判決」について考えてみたい。一番わかりやすい例は、戸塚ヨットスクール事件（注2）だ。

戸塚ヨットスクールの校長、戸塚宏氏は、預かった子供たちを溺死《できし》させたということで懲役六年の刑を言い渡された。戸塚さんは獄中で品行方正《ひんこうほうせい》だったので、普通であれば仮釈放になっていたはずだ。ところが、彼は満期まで務めた。

それはなぜかと言うと、仮出所するためには「私が悪かった」と言わなければならない。しかし彼は、「監禁致死」だとか「傷害致死」という殺人を犯したかのような罪で告発されていたため、それに納得がいかなかったのである。

戸塚さんは、親も誰も手に負えないような子供たちを預かって教育をしていただけだ、と最後まで言っている。実績もある。体罰もあったが、親が体罰を行うのは禁じられていない。その親から委託されたのだから体罰を行なった、と言う。

ただ、その子供たちを教育するプロセスのなかで事故のために死なせてしまった、ということなのだ。だから「業務上過失致死」なら納得がいくが、殺人罪で告発されるのは納得がいかない。と、こういうことなのである。

しかし、法治国家であるから捕まったのならきちんと服役します、と服役した。入所する時、「国民としての義務を果たしてきます」と言ったそうだ。

ここで明らかになるのは、「裁判」と「判決」の違いである。裁判を受ける人は自分が行なったことと判決とは全然違う、納得がいかないと思う自由がある。ただ、法治国家だから判決には従わなければならない。古典的な例なら「ソクラテスの裁判」を考えてみればよい。ソクラテスは自分の無罪を確信していたが、法治国家の裁判の判決には従うと言って、脱獄のすすめには応じないで毒を仰いで死んだのである。

　これと同じように考えなければならないのが、サンフランシスコ講和条約の第十一条だ。日本は東京裁判を受諾《じゅだく》したのではない。そもそも東京裁判は、首席検事のキーナンも言っているように、日本国や日本人全体を告発したものではない。裁判で告発されるのは個人だけなのである。そして、日本が受諾したのは戦犯個人個人に与えられた諸判決（judgments）の刑期の継続で、それを実行する（carry out）ことを約束したのである。日本が裁判自体を実行することはできないから諸判決を受諾した、と訳さなければ意味が通らない。

　しかし当時の外務省は、「諸判決」を「裁判」と誤訳してしまった。ただし、誤訳はしたものの、内容は正しく理解していたようだ。

　条文は日本語の他に英語、フランス語、スペイン語で作られているが、スペイン語では「acepta las sentencias」となっている。これも「判決を受諾」という意味である。あくまでも個人の被告に対する「諸判決」を受諾したのであって、「裁判」を受諾したのではない。

　しかし、中国シンパと言う人もある後藤《ごとう》田《だ》正晴《まさはる》氏が内閣官房副長官として田中角栄《たなかかくえい》首相の下で力を持ち、皇太子妃の父、小和田恆《おわだひさし》氏が外務省条約局長だった時代に、「裁判」を受諾したと解釈されたと推測されている。その後、日本が悪かったという自虐史観が東京裁判の当事国でもない共産党中国にも伝わり、ご存知のように、それ以来、日本は中国に弱い国になってしまった。

これでわかるように、日本は東京裁判について納得がいったとは一言も言っていない。ただ、個々の被告に対する「判決」は受け取った。だから、サンフランシスコ講和条約に従って、刑期が残っている人は服役を継続させる。しかし、第十一条の後半にあるように、関係国が許せば戦犯は免罪される。それに従って、国内でも「戦争犯罪による受刑者の釈放等に関する決議」が与野党一致で可決され、A級戦犯も免責されたのである。日本には戦犯はいないことになり、本人や遺族にも年金の受給が行なわれることになったのである。ただ、すでに死刑になった人を生き返らせるわけにはいかなかった。

朝日新聞や社会党（現社民党）、加藤紘一《かとうこういち》元自民党幹事長や麻生太郎元外務大臣たちの間違った主張は、この十一条を読んでいないとしか思えない。全くの無知である。それによって、中国につけいる隙《すき》を与えてしまっている。

さらに重要なことは、サンフランシスコ条約締結の翌年に中華民国との間で締結された平和条約には、東京裁判に関する特別の言及はなされず、この条約に付属する議定書C項では、サンフランシスコ条約の第十一条は「この条約の実施から除外する」とわざわざ断っていることだ。戦犯については特に重要視すると思われた中華民国は、それを平和条約では一切問題にしていないのである。

（注1）**ラダ・ビノード・パル**（一八八六〜一九六七） インドの法学者・裁判官。東京裁判（極東国際軍事裁判）の判事十一人のなかで唯一、被告人全員の無罪を主張する意見書を提出した。

（注2）**戸塚ヨットスクール事件** 愛知県の「戸塚ヨットスクール」訓練生五名が、昭和五十四年（一九七九）から同五十七年にかけて死亡、もしくは行方不明となったことが明らかになり、社会問題に発展した一連の事件。戸塚宏校長とコーチら十五名が起訴され、全員有罪判決を受けた。

日本の歴史を裁こうとした連合国

キーナン検事は、日本が昭和三年（一九二八）からシナ侵略を開始したので太平洋戦争は十五年戦争だと言うが、なぜこんな見方が出るのかというと、それは昭和三年に列強諸国が署名した不戦条約であるケロッグ・ブリアン条約による。

この条約では、戦争は悪であると決めた。日本もそれを批准《ひじゅん》した。しかし、超右翼的発想の国であるアメリカでは、「戦争は悪いというのは困るじゃないか」という意見が議会に強かった。

そのため、米国務長官であるケロッグ自身が「自衛戦争はこの条約には入らない、自衛権の行使か侵略戦争かは主権を持つ当事国が決める」と公式の場で言っているのだ。

それでも日本を告発するとき、キーナンはケロッグ・ブリアン条約の時点に遡《さかのぼ》って「共同謀議」の罪を持ち出した。共同謀議とは、世界征服を目指してあらゆる戦争準備をし、侵略戦争を行なったという意味である。この共同謀議を根拠に裁くことができないと困るので、あちらも必死だった。

しかし、この共同謀議だけで死刑になった人は、いわゆるA級戦犯にもいない。

東京裁判とは、そもそもの成り立ちもおかしければ、その判決もおかしな裁判だった。

東京裁判の枠組は、ニュールンベルク裁判を基本にしている。これがそもそもの間違いである。

ニュールンベルク裁判ではナチスを裁いたわけだが、ナチスはヒトラーが政権をとってから共同謀議を行い、世界征服を目指したという事実がある。しかし、これについても事後法で裁いた、と国際法学者からは反対があった。

ただし、ナチスはドイツ国民であるユダヤ人を大量に虐殺しているのだから、戦後には国際法でなく国内法でも裁けただろう。ドイツがいまでもナチスを処罰の対象にしているのは、ナチスがそれまでのドイツの法律を破ったからであるとされている。また、ナチスの悪はあまりにも明瞭だったので、ニュールンベルク国際裁判も当然と思われた。

これを日本にそっくりそのまま当てはめて裁こうとしたことに、そもそも無理があった。

東京裁判では、戦犯の分類をＡＢＣ（元来はａｂｃ）としている。しかし、Ａが最も悪いというわけではなく、イロハとしてもいい。イ類、ロ類、ハ類と分類してもよいものだった。

Ａ級は戦争を始めた国家指導者など。Ｂ級は通常の戦争犯罪である捕虜虐待などを命じた戦場の指揮官。Ｃ級はそれを実行した兵隊など。東京裁判はこのうち、Ａのグループを裁いたものだった。

A級に対する訴因は五十五もあるのだが、それは三つに分けられた。第一類は平和に対する罪。ナチスのような共同謀議があったとするものだ。

第二類は殺人及び殺人共同謀議の罪。宣戦布告する前であるから、真珠湾攻撃などで兵隊を殺したのも殺人だとも言っている。しかし、宣戦布告の前の殺人というのは裁判ではあまり問題にならなかった。

第三類は通常の戦争犯罪及び人道に対する罪である。これはナチスのホロコーストなどを念頭において作られた罪だ。

ここで問題なのは、第一類および第二類で想定されている平和に対する罪と共同謀議の罪についてである。共同謀議というのは前述のように、世界征服を狙って戦争準備をし、侵略を行なったという意味だ。これが東京裁判では一番重きを置かれた罪だった。しかし、この罪だけで死刑になった人はいない。

第三類の人道に対する罪は、誰が考えてもアメリカによる東京大空襲のような無差別爆撃や原爆投下のほうが当てはまるだろう。だから、人道に対する罪だけで死刑になった人はいなかった。

では、死刑になった七人の人たちは何によって裁かれたかというと、第一類や第二類とともに、第三類の罪に問われている。

第三類には通常の戦争犯罪、つまり捕虜虐待などが入っている。A級の人たちが直接、捕虜虐待をするわけはないのだが、それを止められる立場にありながら止めなかったというこじつけで罪に問われた。

つまり、平和に対する罪や人道に対する罪だけで死刑にされた人はおらず、通常の戦争犯罪、つまり捕虜虐待関係の責任とともに合わせて一本、ということで死刑になった。

このことが、いかに平和に対する罪や共同謀議や人道に対する罪だけで裁こうとしても裁けなかったかということを物語っている。

共同謀議というのは国際法にはない観念で、しかもドイツやフランスのようなヨーロッパ大陸の国々の法律にもない概念である。パル判事は、これはイギリスやアメリカにだけある概念だから、国際法とするにそぐわないと指摘している。

私たちが一番おかしいと思わなければならないのは、東京裁判が、この共同謀議というもので昭和三年(一九二八)以来の日本の行為を全て裁こうとしたことである。つまり、東京裁判は歴史を、つまり日本のそれまでの昭和史を裁こうとしたのである。

これは前述したように、一九二八年のケロッグ・ブリアン条約による。戦争は悪であると決めたこの条約を、たしかに日本も批准している。しかし、アメリカの国務長官ケロッグ自身が、自衛戦争はこの条約に含まれない、自衛か侵略戦争かを決めるのは当事国である、と公式の場で述べているのである。しかも侵略戦争というのも、国境が侵《おか》されたというような形のものだけでなく、重大な経済的圧力を受けた場合でも侵略戦争を受けたことになるという主旨の説明を行なっている。ケロッグ国務長官の解釈に忠実であろうとすれば、ＡＢＣＤ包囲陣のような経済封鎖を日本に対して行なったアメリカのほうが侵略国家として定義されることになる（マッカーサーも、のちにはこれに近い考え方になった）。

したがって、マッカーサーがのちに認めたように自衛の戦争を行なった日本は、共同謀議で裁かれることはあり得ない。しかし、これを裁くことができないのでは東京裁判を行なう意味がないので、連合国も引くわけにはいかなかった。

共同謀議という罪を裁こうとすれば、それは法律問題より歴史問題、昭和史の問題になる。共同謀議の面から東京裁判を研究された方には、角田順《つのだじゆん》氏（編著に『石原莞爾《いしはらかんじ》資料戦争史論』、原書房）がおられる。

ここで、東京裁判の歴史観がいかに成り立たないものであるか、その論拠をいくつか挙げてみよう。

「満洲侵略」など存在しない

まず一つ目は、「日本が満洲を侵略した」という主張について。

これについては、『紫禁城《しきんじょう》の黄昏《たそがれ》』（完訳は祥伝社刊）が裁判の証拠に取り上げられれば全く問題がなかった。これは清《しん》朝最後の皇帝・溥儀《ふぎ》の家庭教師であったイギリス人、レジナルド・ジョンストンの著書で、そこに満洲侵略の事実など存在しないことが明瞭に記されているからである。

清朝というのは満洲族の帝国であって、清朝時代、シナ人は満洲人に支配されていた民族だった。だから辛亥《しんがい》革命というのは、正しくは辛亥独立運動と言うべきだ。

そして満洲国は、独立運動を起こされてしまった清朝皇帝・溥儀が、命からがら日本の公使館に逃げ込んだのが始まりだった。彼が、自分の故郷の土地である満洲に国を建てたいというのを日本が助けたのだ。そうしてできた満洲国を、二十カ国以上の国々が国として認めているのは歴史的事実である。当時はいまのように独立国が多くなかったので、満洲国は十分に独立国として世界に通用する資格があった。バチカン教皇庁《きょうこうちょう》もその独立を認めたのだから。

しかし、この主張は一切、認められなかった。『紫禁城の黄昏』が証拠として採用されなかったからだ。

採用されなかった理由の一つは、ジョンストンが亡くなっていること。もう一つは、『紫禁城の黄昏』には溥儀が序文を寄せているのだが、それを溥儀が「書いた覚えがない」と証言したことだった。

しかし、イギリスの立派な出版社から出された大冊で、英米でベストセラーにまでなった本である。溥儀は書いた覚えがないのなら、出版された時に言うべきであろう。しかも皇帝の印である判、つまり玉璽《ぎょくじ》まで押してある。玉璽があれば、これは皇帝が書いたと同じことだと言わざるを得ないのだが、アメリカ人の弁護士は判子《はんこ》の意味がわからなかったのではないだろうか。

一方で、溥儀は偽証をした。自分が日本の公使館に逃げ込んで、国を作りたいと熱烈に訴えてきたことは周知の事実でありながら、捕まってソ連にいたため、「自分は嫌だったが日本によって皇帝にされた」と証言した。真っ赤な嘘である。

この偽証によって、東京裁判では満洲事変を侵略と決めつけた。

しかし、国際的な判断としてはリットン報告書が存在する。リットン報告書は、満洲事変の直後に国際連盟の代表として五カ国から派遣されたリットン調査団が何カ月もかけて調査したもので、日本から見れば不満な部分はあるが、一応、国際的な見解と言える。

その報告書に「これは侵略戦争と簡単には言えない」と書いてある。日清戦争の頃から日本は満洲に対する特別の権利があって、その後、権利が複雑に絡《から》み合っているため侵略とは言えない、と言っているのだ。

当時の国際連盟の代表たちが判断して侵略ではないと言っているものを、東京裁判では共同謀議の一環とした。これは極めて無理がある見解で、パル判事もそこを鋭く突いている。

「共同謀議の罪」の嘘

次は張作霖《ちょうさくりん》爆殺（注1）に関して。

これについては、パル判事も「神秘的な事件であってよくわからないが、どのみち共同謀議とは関係ない」と言っている。すでにリットン報告書（決して親日的ではない）でもよくわからない事件としており、日本軍陰謀説を採用していなかった。当時のイギリスのインテリジェンス機関もソ連を疑っている。

しかし最近では、新たな視点から書かれた毛沢東《もうたくとう》伝『マオ』（ユン・チアン著、講談社）が、コミンテルンの謀略であったことを明らかにしている。

たしかにあの頃、満洲の鉄道に関して張作霖とソ連は緊迫した関係にあったから、日本よりもコミンテルンの謀略だというほうが自然に思える。

東京裁判では、田中隆吉《たなかりゅうきち》少将がペラペラと嘘を述べた。結果、死刑に追い込むことになった武藤章《むとうあきら》中将に対する個人的な恨みから証言したようだ。田中少将の家に行くと、何もないはずの焼け跡の東京なのに洋モノのウイスキーがいくらでもあったという。彼は、検事の提供した条件と引き替えに証言したのだろう。

キーナン検事は、暗黒街の帝王といわれたアル・カポネを裁いた人だ。アル・カポネのような犯罪集団の大物を裁く時は、誰かを免罪して証言を得ることが常套《じょうとう》手段だから、田中を使って張作霖爆殺、ひいては共同謀議に関して証言させた。したがって、田中が責任者であった綏遠《すいえん》事件（注２）は東京裁判では問題にされていない。

さすがにパル判事も、田中の証言は検事の差し金だと気づいたようだ。パル判事は、張作霖事件に関する証言はすべて伝聞証拠にすぎなかったと断定している。東京裁判の頃、事件の主犯とされていた河本大作《こうもとだいさく》大佐は生きて中国に捕らわれていたのだから証言させればよかったのに、そうしなかったのである。その後、河本大佐の手記なる告白記事が雑誌に出たことがあるが、これは彼の親類の左翼の男が書いたものとされている。

三つ目は、日本で起こった桜会《さくらかい》の三月事件、十月事件（注3）などの右翼運動を共同謀議だとしていること。ナンセンスな話で、こんなものはただの右翼運動にすぎない。むしろ政府に反対した運動であり、その運動の方向に日本が動いたわけでもない。いまから見れば、事実は明々白々である。

四つ目の共同謀議だとされた根拠に北支《ほくし》事変がある。日本が華北を支配したというのだが、これは日支の衝突が連続的に生じたものであって、共同謀議ではない。そして、日本から仕掛けたことは一度もない。全て受け身だった。

東條英機被告が宣誓供述書で言っている、自衛のための受け身の戦いだったという証言が正しい。東條のみならず、マッカーサーですらそれをのちに認めている。

五つ目に、戦争準備も共同謀議とされている問題。

たしかに、日本は戦争の準備をし、軍艦や飛行機、戦車を作った。しかし、それはどこの国でもやったことだ。ナンセンスな話である。

そんなことを言い出したら、アメリカの太平洋艦隊のほうがよほど共同謀議だと言えるだろう。日本の軍艦がアメリカに上陸するなど誰も想定しなかったことだが、アメリカの海軍は日本に上陸することを目的としていたし、海兵隊（注４）というのは太平洋の戦闘を想定した軍隊である。

日本には海兵隊に相当する軍隊はない。海軍陸戦隊というのはあるが、これは在外日本人の保護や治安維持を目的としたもので、水兵が機関銃を持った程度のものでしかない。

アメリカは明らかに、太平洋で戦争をするために海兵隊を作り、どう考えても必要のないくらいの大海軍をハワイに組織した。さらに、日本は大規模な都市爆撃用の四発（プロペラ四個）の爆撃機を作っていないのに、アメリカやイギリスは初めからそれを準備していたのである。しかも、日本の一般住居地域を焼く計画を持っていた。

六つ目は、日本がドイツ、イタリアと条約を結んだという点について。

たしかに、外交的には良くなかったかもしれない。ただ、松岡洋右《まつおかようすけ》外相の考えは、すでにアメリカをはじめとする諸外国は日本包囲網を作っているから、その圧力を避けるためには「日本は孤立しているわけではない、少なくとも同盟国がある」ことを示したいということだったらしい。

つまり、決して攻撃的な同盟ではなく、圧力があるから日本にも味方がいることを示したいというものだった。

実際、ドイツと共同軍事行動を行なったことはない。それだけではなく、日独伊三国同盟は防共協定だったはずなのに、ドイツは日本を裏切って簡単にスターリンと手を結んだ。これでは、とても共同謀議とは言えないだろう。欲を言えば、この時に日本は三国同盟を破棄すべきであった。そうすれば、日米交渉の大きな障害がなくなっていたであろう。

七つ目に、東京裁判におけるソ連の問題がある。

ニュールンベルク裁判の時も、英米仏に加えてソ連が参加した。たしかに、ソ連はドイツに攻め込まれたと言ってもいい国だ。

しかし、東京裁判にソ連は判事や検事として参加する資格は全くなかった。そのうえ、東京裁判が日本を裁こうとして挙げた理由は、全部すでにソ連が犯しているのである。

中立条約を破棄し、一方的に攻め込んで暴虐の限りを尽くし、しかも六十万人もの捕虜を自国に抑留《よくりゅう》して、戦争が終わっても国際法に違反して返さない。また、ポツダム宣言では領土的な問題は入らないにもかかわらず、日本固有の領土を奪った。

さらに悪質なのは、日露戦争からシベリア出兵、ノモンハン事件（注5）、張鼓峰《ちょうこほう》事件（注6）まで持ち出してきたことだ。全部、すでに和平条約で決着のついた話である。共同謀議とは何ら関係ない。

八つ目は、日本はアメリカと交渉しながら時間稼ぎをし、戦争準備を進めたという。これは全くの逆で、時間稼ぎをしたのはアメリカだった。アメリカは最初から日本と話し合いで解決するつもりがないまま交渉を続けていたことは、すでに明らかになっている。

日本は話し合いが延びれば延びるほど手持ちの石油が減っていくのだから、時間稼ぎなどするはずがない。しかし、アメリカはいくら交渉が長引いても痛くも痒《かゆ》くもなかった。

そして、アメリカはハル・ノートを突きつけた。ハル・ノートはいかなる国でも受け入れ難きものであって、パル判事はあるアメリカ人の歴史家の言葉を引用して次のように言っている。「こんなものを突きつけられたら、モナコやルクセンブルクでも銃を持って立ち上がるだろう」と。

アメリカは当然、日本がハル・ノートを宣戦布告だと受け取るだろうことを知って突きつけたのだ。実に悪質である。

これには東條被告も、「絶体絶命の状態に追いつめて、日本から手を出させるのを待つというようなことを文明国がやるとは思わなかった」と、宣誓供述書でそういう主旨のことを言っている。

（注1）**張作霖爆殺**　昭和三年（一九二八）、満洲の軍閥指導者・張作霖の乗った奉天《ほうてん》（瀋《しん》陽《よう》）に向かう列車が爆破され、張が暗殺された事件。張はもともと日本の支援を受けていたが、この頃は満洲鉄道に対抗して欧米資本による鉄道網建設を考えており、日本の関東軍による犯行と考えられていたが、近年では諸説がある。

（注2）**綏遠事件**　内蒙古の独立指導者、徳王《とくおう》率いる内蒙軍が日本の関東軍の支援の下で昭和十一年（一九三六）、綏遠省に侵入したが、傅作義《ふさくぎ》の綏遠軍の反撃に遭って撃退された事件。内蒙軍の指揮にあたったのは田中隆吉中佐であったため、シナでは対日勝利と宣伝され、排日抗日の運動に弾みがついた。

（注３）**桜会、三月事件、十月事件**　桜会は昭和五年（一九三〇）、橋本欣五郎《はしもときんごろう》中佐を中心とした陸軍省、参謀本部の中堅将校が「国家改造」を目的として結成。同会は翌年三月、陸相・宇垣一成《うがきかずしげ》を首班とする軍部政府樹立をめざして議会を包囲しようとしたが、宇垣が拒否したために頓挫《とんざ》（三月事件）、十月には要人殺害によるクーデター計画が事前に発覚して橋本らが憲兵隊に検挙された（十月事件）。

（注４）**海兵隊**　アメリカ海軍の独立部隊。上陸作戦、空挺降下など、陸・海・空にわたり機動的な戦闘を行うために組織された。対日太平洋戦線では最大四十七万人が動員され、南太平洋、硫黄島《いおうとう》・沖縄上陸作戦の主力となった。

（注５）**ノモンハン事件**　昭和十四年（一九三九）五～九月、満洲国とモンゴルの国境に近いハルハ河畔の地、ノモンハンで起こった日本とモンゴル・ソ連軍の衝突事件。ソ連軍の戦車部隊により日本の関東軍の一個師団は大打撃を受け、対ソ開戦論は後退した。一方、ソ連軍もそれ以上の損害を受け、停戦を望んでいた。ハルハ河戦争。

（注６）**張鼓峰事件**　昭和十三年（一九三八）七月から八月にかけて、満洲国東南部の張鼓峰で起こったソ連との国境紛争。張鼓峰に侵入したソ連軍に対して日本側守備隊が反撃、両軍とも多大な損害を被《こうむ》り、八月に停戦協定が結ばれた。

赤化の脅威を主張した日本

東京裁判において、日本の弁護団や証人が主張したことで重要なのは、大陸における共産主義の脅威である。歴史上のイフ（ｉｆ）であるが、ロシア革命が成功してソ連という国が誕生しなかったら、満洲事変もなかっただろう。

もしも無抵抗でいたら大陸が全部、共産主義に支配されてしまう。満洲でも北シナでもそれがガンだったと言っている。にもかかわらず、ソ連から判事や検事を東京裁判に呼んでいる。弁護団の主張は通るわけがない。大陸における共産主義の問題は、裁判ではまともに取り上げられなかったのである。

そして、東京裁判が終わって二年が経つか経たないかのうちに朝鮮戦争（注1）が起こった。その前には蔣介石《しょうかいせき》政権が崩壊している。あっという間に、シナもモンゴルも満洲もシベリアも、東アジア全大陸が共産主義になった。

日本が言ったことは正しかったのだ。マッカーサーはそれに気づくのが二年遅かった。だから朝鮮戦争が二年半早く始まっていれば、東京裁判は日本を裁くことができなかっただろう。日本の一番の主張が証明されたわけだから。

朝鮮戦争が始まるや否や、アメリカもマッカーサーも日本の主張が正しかったことに気づいたので、即、サンフランシスコ講和条約を結んだのだ。

ここで、少し私の体験を話したいと思う。

まだ東京裁判が行なわれている頃は、日本は文明に反した国であるから半永久的に、少なくとも二十五年から五十年くらいはアメリカの占領が続くであろうと言われていた。そして日本には二度と重工業はやらせない、農業と軽工業だけという方針だった。

私が旧制中学の五年か新制高校の三年か、その頃に、物理の三浦重三先生という方がおられた。東北大学工学部出身の先生で、技術将校として雷電《らいでん》という戦闘機のプロペラを作っておられたと聞いている。

私の高校は二クラスが理系、一クラスが文系で、私は理系にいた。その理系の生徒に、三浦先生がこうおっしゃった。

「君たち、今頃、理系にきてもつまらないぞ。大学の理学部に行ったら、物理の芯《しん》はなんと言っても原子核だが、その研究は日本は禁止されている。理化学研究所にあったサイクロトロンが東京湾に沈められたのを、お前たち新聞で見ただろう。物理は芯が止められているんだぞ。

工学部に行っても、工学部の芯は飛行機だ。俺は飛行機を作っていたんだから知っている。しかし、飛行機は作れない。だから工学部も芯が止められている。

全部、芯が止められていて、これからの日本は重工業ができないんだから、せいぜい自転車を作れるくらいだ。自転車を作って東南アジアに輸出するしかないだろう」

私はがっかりした。同級生も多く文系に変わった。このお話を一生の問題として受け取って、それで私も文系に進んだのだ。幸いに尊敬する英語の先生がおられたので、英文科を志願することになった。

ところが、私が上智大学の文学部に入って二年目の夏頃、朝鮮戦争が始まった。すると、あっという間に日本は独立することになった。朝鮮戦争が起こったのは昭和二十五年(一九五〇)六月、サンフランシスコ講和条約が翌年(一九五一)の九月だ。アメリカの右往左往ぶりは、生きた記憶としてよく覚えている。

朝鮮戦争がサンフランシスコ講和条約の引き金となったことは、明々白々な事実である。朝鮮戦争のことを多くの人は神風《かみかぜ》が吹いたと言うが、それは特需があって日本の景気がよくなったからだ。

しかし、これは上《うわ》っ面《つら》の話であって、重要な点は、アメリカの対日政策が抜本的に変わって、二年前に東京裁判で裁いたことなど忘れ、日本はいい国であると認識されたということである。だから、すぐに独立させ、賠償金もとらなかった。サンフランシスコ講和条約は、アメリカのご都合主義による全く急な話だった。

ただ、朝鮮戦争が起こったのは東西冷戦が激しくなったためである。そういう状況の下で日本が独立すると、日本には戦艦大和や零戦を作ったほどの潜在力があるのを誰もが知っているから、どの国にとっても恐ろしいことになる。

その日本がアメリカ主導の下で講和条約を結び、西側につくことを恐れたスターリンは、サンフランシスコ講和条約に反対しろ、と日本の左翼に命令した。

その命令を受けて、社会党も共産党も条約に署名しなかった。朝日新聞も岩波書店も、ソ連を含む全面講和論を打ち出していた。吉田茂首相としては、共産党は別として社会党も平和条約にともに署名してほしかったのだが、スターリンの意図するところに日本の左翼は従った。

これに踊らされて、時の南原繁《なんばらしげる》東大総長も全面講和を主張した。日本が四十数カ国と講和するなかで反対していたのは、ソ連とソ連の鉄のカーテンのなかの東ヨーロッパの二〜三カ国だった。そのソ連側の僅《わず》か数カ国のために、他の四十数カ国と講和しないというのは実におかしなことだ。

吉田首相が南原総長のことを、「曲学阿世《きょくがくあせい》(学問を曲《ま》げ世に阿《おもね》る)の徒《と》」と評したのは有名な話である。

その頃、私が一番尊敬したのは雑誌『文藝春秋』に書かれた小泉信三《こいずみしんぞう》(注2)先生の立論だった。「これは多数講和なのだ。全面講和するためにはアメリカとソ連の話がつかなければならないが、その見込みはない。全面講和を待っていると、日本はずっと占領されたままになるが、それでもいいのか」という主旨だ。

私はこの論文に感激して、小泉先生に手紙を書いた。先生はお忙しかったはずだが、それでも自筆で葉書の返事を下さった。

私が東大総長から始まって、左翼系の岩波書店や朝日新聞の系統の論調を軽んずる気になったのは、こういういきさつがあるからだ。

話を元に戻すと、ソ連の共産主義に対する戦前の日本の認識は極めて正しかったということである。戦前のアメリカ、特に民主党は共産党に甘かった。ルーズベルトはむしろ共産党に好意的だったと言えるだろう。だから最後にはチャーチルと話が合わなくなる。

ルーズベルトは左翼がかった政策、いわゆるニューディール政策（注３）を行なっている。しかも、アメリカという国にはまだソ連に対する恐怖感がなかったので、どちらかと言えばソ連に同情的だった。ルーズベルトは、君主国でない国がロシアにできたことを不快には思わなかったのだろう。

（注１）**朝鮮戦争**　昭和二十五年（一九五〇）、第二次世界大戦後の米・ソの対立を背景として、南北朝鮮の独立・統一問題が武力衝突に発展した国際紛争。アメリカ軍を主体とする国連軍の支援を受けた韓国と、中国人民軍が後押しする北朝鮮との戦いは北緯三八度線付近で膠着《こうちゃく》状態となり、同二十八年に休戦協定が成立。

（注２）**小泉信三**（一八八八〜一九六六）　経済学者。東京生まれ。母校・慶応義塾大学の教授、塾長。マルクス主義批判の理論家として活躍。大東亜戦争後、皇太子（今上《きんじょう》天皇）の教育参与。著書に『社会思想史研究』『マルクス死後五十年』『海軍主計大尉小泉信吉』などがある。

（注３）**ニューディール政策**　フランクリン・ルーズベルト米大統領が、世界恐慌を克服するために行なった一連の経済政策。政府が市場に介入しない自由主義経済から、経済関与

を進める社会主義的な政策へと転換し、公共事業も積極的に行なった。ただし、本格的な景気回復は第二次世界大戦による軍需増大がもたらしたものだった。

人道に対するアメリカの罪

東京裁判は、日本をあの手この手で裁こうとしたが、その〝罪状〟は全部、それまで連合国が行なってきたことだった。これをはっきり書いたのは、ヘレン・ミアーズ著『アメリカの鏡・日本』(角川学芸出版)である。名著ではあるが、もちろん占領中は出版されなかった。

また、東京裁判では日本が九カ国条約を破ったなどと言われた。九カ国条約とは大正十一年(一九二二)のワシントン会議に出席した九カ国で締結された条約で、中国権益の保護を目的としたものだ。これは「シナのためのマグナ・カルタ」と呼ばれた。その時まで国際会議の正式メンバーとして活躍することのなかった中国は、大喜びして例のない大勢の代表団を乗り込ませた。

しかし、この九カ国条約には期限がない。期限がない条約には、事情変更の原則が当てはまる。国際情勢が変化すれば、この条約に縛られなくなるということである。この条約にはソ連が入っていなかった。そのソ連が五カ年計画を重ねて、極東にも大軍を配置するとなれば話は別になる。また、「ボイコットその他の不法行為をせず、各国との条約を守る」という約束を中国は無視した。また、条約に反して中国は軍事力の拡大に走った。このようにして条約締結時の事情は激変した。そして満洲事変が始まり、シナ事変が始まれば、日本がこの条約に縛られているわけにいかないのは当然だろう。そして、裁こうと思えばいくらでも裁かれうる根拠がある国は、実は連合国のほうなのだ。

前述したように、東京裁判は戦勝国によるリンチだった。だからもしも、中立国だけで裁いたのであれば、あるいは戦勝国と敗戦国が同数で、キャスティング・ボートを中立国が持つような裁判であったなら、アメリカやソ連のほうがもっと厳しく裁かれたはずだ。

アメリカの無差別爆撃によって、東京では一晩に十万人が死んでいるのである。ナチスがアウシュビッツ（注1）で十万人虐殺するのに何カ月かかったことか。これが人道に対する罪でなくて何だと言うのか。

原爆投下に対してアメリカは、「早く戦争をやめるためにはやむを得なかった」と言う。第一次世界大戦の時にドイツ皇帝ヴィルヘルム二世は、戦争を早くやめるためには老若《ろうにゃく》男女《なんによ》かまわず殺し、家も全て焼き払わなくてはいけないということを言っているが、パル判事はアメリカの論理はこれと同じことではないかと指摘している。

パル判事は、ナチスのホロコーストやヴィルヘルム二世の発言と似たようなことが行なわれたとすれば、それはアメリカの原爆投下だと言っている。

私がベルリンでの学会に出席した時、ティータイムに一緒にお茶を飲んでいた南アフリカの方が、「原爆というのは戦争を早く終わらせるため、犠牲を少なくするためには仕方がなかったんじゃないか」とアメリカと同じ論理で言った。

私が「早く終わらせるために何をやってもいいというのだったら、毒ガスを使えばよかったんじゃないですか」と言ったら、その人は、「あっ、そういうことは考えたことがなかった」と言った。つまり、アメリカは原爆のテストをしたかったのだろう。

東京裁判の記録を読んで一番感じるのは、ドイツが敗れ、日本が敗れたあの戦争を最後に世界中から戦争がなくなる、とアメリカの検事たちは本気で思っていたのではないかということだ。

あまりに戦時プロパガンダが激しかったため、ドイツと日本という悪の国がなくなったら、あとの世界は永久に平和になると考えた。だから、事後法だろうが何だろうが、どんな無理な法律を使ってもいい、「文明が裁くのだ」と言ったのだろう。

しかしその後、戦争がなくなったわけではないし、アメリカが始めた戦争さえある。

パル判事もモーリス・ハンキーも、この国際法によらない戦争裁判というのは「戦勝国は敗戦国に何をしてもいいということを証明したにすぎない」と言っている。つまり、この裁判が戦争を止める契機にはならず、何が何でも勝たなくてはならないという覚悟を決めさせただけのものであるということだ。

アメリカはいま、イラクから引き上げたくてしようがない。しかし、引き上げられない状態にある。日本も当時、シナから引き上げたくてしようがなかった。終始一貫、いかに引き上げるかを考えていた。

それでも引き上げることができなかったのは、アメリカやイギリスが蔣介石に限りなく援助をしたからだ。重慶の山のなかにいて鉄砲一つ作れない蔣介石に、アメリカは飛行機でも武器でも、中立国の立場を超えた規模の援助を限りなく与え続けた。

いまのイラクでも、アルカイダが武器を供給しているからまだテロが終わらない。これに加えて、もしもイラクやアフガニスタンの反米分子に中国やロシアが武器を遠慮なく大量に援助したらどうなるか。

いまなら、アメリカもシナ事変における日本の立場がよくわかるのではないだろうか。

（注1）**アウシュヴィッツ**　ポーランド南部の都市、オシフィエンチムのドイツ語名。第二次世界大戦中、ナチス・ドイツによりこの地にユダヤ人強制収容所が設けられ、ユダヤ人とポーランド人が大量虐殺された。その数、百五十万人ともいわれ（もっと少ないという説もある）、ホロコーストの代名詞となっている。

第3章

占領政策が多くの「敗戦利得者」をつくった

公職追放令の裏側

日本が武装解除を行なったあと、アメリカ占領軍はポツダム宣言が「有条件条約」であることを無視し、無条件降伏したと主張して勝手に振る舞うようになった。占領政策はほとんどすべてポツダム宣言違反であり、国際法に沿わないことが行なわれたのである。そしてそのことが、日本に〝敗戦利得者〟を生んだことを忘れてはならない。

その占領政策の一つが公職追放令だった。占領軍はまず、ミズーリ号上で行なわれた降伏文書調印式から約一カ月後の昭和二十年（一九四五）十月四日、「政治的市民的宗教的自由に対する制限の撤廃《てっぱい》に関する覚書《おぼえがき》」を発し、内務大臣、警察幹部、特高警察全員の罷免《ひめん》と再任用の禁止を指示した。

これを見てもわかるように、最初に占領軍が行なったことは、戦前の左翼を押さえていた機関に属する人を一挙に追放することだった。これが、占領軍が一番最初にやりたかったことなのだ。

日本の内務省というのは、日本全体を考える官僚をつくる省だった。陸軍や海軍は軍事について考え、外務省は他国との関係において日本の利益を考える。それに対して、内務省は国内について日本全体の在り方を考え、他の省の上に立っていた。

そういう意味で、内務省や警察の関係者は「国民を守る」という護民官の意識が強かった人たちだ。

もちろん戦争中は、特に特高警察などは行き過ぎもあったが、左翼に対する日本の恐怖はそれほど大きなものだったという事実がある。戦前の共産党は、名実《めいじつ》ともにコミンテルン日本支部にほかならなかった。

その左翼を押さえた機関を解体することが、占領軍民政局の第一にやりたいことだった。なぜならルーズベルト大統領の周辺、とりわけ占領軍民政局は左翼の巣であったからだ。

民政局のホイットニー局長とケーディス次長が社会主義者であったことは、いまでは明らかになっている。ケーディスの右腕であったハーバート・ノーマンは、のちにコミンテルンのエージェントであったことが判明し、裁判にかけられそうになって自殺した。

同じ昭和二十年十月二十二日、占領軍は「日本の教育制度の運営に関する覚書」を出し、十月三十日には「教職員の調査、精選、資格決定に関する覚書」を発して、軍国主義者や極端な国家主義者、占領軍政策反対者などを教育事業から排除するように命じ、また現在および将来の教員の資格審査を行なうよう命じた。

翌年五月七日には、「教職員の除去、就職禁止及復職等の件」がポツダム勅令《ちょくれい》として公布され、いわゆる「教職追放令」が行なわれている。

さらに占領軍は、幣原喜重郎《しではらきじゅうろう》内閣が計画していた戦後最初の総選挙の実施を延期させたうえで、一月四日に包括的な公職追放をすることにした。「好ましくない人物の公職よりの除去に関する覚書」を発したのである。

その覚書は追放すべき人物を、

A項　戦争犯罪人
B項　職業軍人
C項　極端な国家主義団体などの有力分子
D項　大政翼賛会《たいせいよくさんかい》・翼賛政治会・大日本政治会などの有力分子
E項　日本の膨張に関係した金融機関ならびに開発機関の役員
F項　占領地の行政長官など
G項　その他の軍国主義者および極端な国家主義者

に分類した。

そして該当する人物は、中央・地方の官職、官庁と関係の深い特殊会社や団体などの役員、帝国議会議員とその候補者などになることを禁じたのである。

この影響によって、幣原内閣の大臣五人が辞任した。そして、その年の四月に予定していた総選挙では、多くの議員が立候補できなかった。

さらに占領軍は一般的な措置だけでなく、政治家、官吏、教員などを名指しで追放するということも行なっている。その典型的な例が、総選挙で勝って次の首相になると目されていた日本自由党総裁・鳩山一郎《はとやまいちろう》の追放だった。

その後も公職追放は拡大、強化されて、その範囲は地方政界、一般財界、言論界などにますます広がっていった。昭和二十二年（一九四七）には、有力会社、新聞社なども追放範囲に含め、追放された者が身代わりを立てるということも禁止された。

その結果、約二十万六千人が公職追放の対象になった。

つまり公職追放令とは、敗戦でもなんとか生き残った、戦前の重要なポストについていたというだけの人たちが、いまこそ日本を復興させようとしたのを根こそぎ排除した政策だったのである。

日本を腰抜けにした追放令

公職追放令が及ぼした影響は、A級戦犯とは桁違《けたちが》いだった。二十万人以上が追放されたということは、その影響を周囲の人たちも受けているということである。その典型的な例が、先ほどの鳩山一郎やのちに首相になる石橋湛山《いしばしたんざん》だった。

財界人では松下幸之助《まつしたこうのすけ》も追放されている。松下幸之助が「極端な国家主義者」であるわけがない。しかし松下電器産業は戦争中、すでに大きな会社だったので、軍の命令により木製飛行機を造っていた。それを軍需産業だと言われて公職追放になったのだ。

追放された人たちは、公職、教職ばかりか、ものを書くのも許されないから、百姓をやるしかなかった。現代の閉門蟄居《へいもんちっきょ》である。

名指しで追放されるのだから、立候補する資格のある議員などは皆、震え上がった。仮に立候補しても、いつ、誰が追放の指名をされるかわからない。これは恐怖である。皆、臆病になってしまった。

このような日本が腰抜けになった状態のなかで、新憲法を作ることを命じられ、教育勅語《きょういくちょくご》が廃止されたということを我々は忘れてはならない。あんな状態のなかで、日本が自主的な憲法を作れるわけがない。

新憲法を作る過程についてはさまざまな研究がなされているが、北康利《きたやすとし》氏が書かれた『白洲次郎《しらすじろう》　占領を背負った男』（講談社）には、吉田茂首相の側近だった白洲次郎が新憲法をつくるにあたっていかに占領軍民政局と奮闘したかが描かれている。新憲法の成り立ちについてはいずれ詳《くわ》しく触れるが、先ほども述べたように民政局のホイットニーとケーディスはバリバリの社会主義者だったのである。

日本に主権がなかったことの一つの表れが、少しでも占領軍のカンにさわることがあればすぐに公職追放令が適用されたということだ。校長先生であったとか、軍人として出世したとか、大会社の社長だったとか、それだけでも追放された。

日本銀行などは日本の中央銀行だから総裁以下、理事もほとんど追放された。一人くらい残さなければということで残ったのが、一番末席の一万田尚登《いちまだひさと》氏だった。彼はのちに、「一万田法王」と言われるほどの権力者になる。

同様に、多くの企業で幹部がどんどん追放されたために、重役になれそうもなかったような人たちがどんどん重役になった。これを流行作家の源氏鶏太《げんじけいた》は『三等重役』に描き、「三等重役」は戦後の流行《はや》り言葉になった。

実業界の〝敗戦利得者〟である。

知的分野は左翼一色に

ある意味で実業界では世代交代が進み、新鮮な気持ちで事に当たれたということはよかったのかもしれない。しかしここで重要なのは、学校、ジャーナリズムに対する公職追放の徹底だった。

公職追放令の中心になった人は誰だろうか。マッカーサーだって、戦前の日本のことを詳しく知っていたわけはない。それで起用されたのがハーバート・ノーマンである。

彼は日本で布教していたカナダの宣教師の息子として日本で育った。日本語も日本人同様にできるし、日本のこともよく知っている。ケンブリッジ大学に留学して共産党員となり、のちにアメリカのハーバード大学で学んで『日本における近代国家の成立』(英文)で博士になった。日本史の個人教授を務めたのは羽仁五郎《はにごろう》であった。羽仁五郎はマルキストの明治史の学者である。このノーマンのように、日本のことを熟知した人を占領軍は必要としていたのである。

カナダの外交官なのに占領軍のなかで働くことになったノーマンが日本に来た時、最初に会おうとして探し出したのは、ハーバード大学時代の左翼仲間である経済学者、都《つ》留《る》重《しげ》人《と》であった。ハーバート・ノーマン、都留、羽仁などが、公職追放令のリスト作りに重大な関係があったものと考えられる。

戦前、帝国大学は「天皇の大学」だったから、左翼系の学者やコミンテルンに通じているような人たちは辞めさせられた。この人たちが、敗戦日本における公職追放令のあと、真っ先に戻ってきたのである。そこに元々いた帝国大学教授の多くは公職追放になってしまった。

そして、のちに新しくできた大学の教授を輩出するような日本の一流大学、旧帝国大学や一橋大学の総長・学長は左翼系になった。戦前ならば、天皇陛下の大学に相応《ふさわ》しくないと批判された人たちである。

彼らのような敗戦利得者が日本に及ぼした悪影響は大きい。

たとえば、矢内原忠雄《やないはらただお》氏は立派なキリスト教徒と言われるが、戦後に東大の総長になる。戦前は「神よ、日本を滅ぼしてください」というような論文を書いて、天皇陛下の大学に相応しくないと辞めさせられたような人だ。当時の日本は温和だから取り消せば済む話だったが、彼は取り消さなかった。

敗戦後に東大に復帰、法政大学総長になった大内兵衛《おおうちひょうえ》氏は、第二次人民戦線運動関係で東大の経済学部を辞めさせられている。

また瀧川幸辰《たきがわゆきとき》氏は、京都大学で無政府主義的な刑法の教科書を書いたために辞めさせられた。天皇陛下の大学で無政府主義の刑法を教えるわけにはいかないので、文部省が教科書を書き換えてくれと言ったのにそれを拒否したので、辞めることになった。しかし、辞めたからといって刑罰を受けたわけではなく、瀧川氏は弁護士になった。そして日本の敗戦後は京大の法学部長、そしてその後、京都大学総長になった。私は瀧川氏の近親の方からの話として聞いたが、当時、彼は共産主義者だったということだ。瀧川氏とともに辞職した京大の教授たちの多くは、戦後はいろいろな大学の要職についた。

A級戦犯になった荒木貞夫《あらきさだお》氏は、陸軍大臣、軍事参議官、男爵と、軍人としての位《くらい》を極めた人だが、彼は軍人として罪に問われたわけではない。文部大臣時代が問題になったのである。荒木氏は、「自分をA級戦犯にしたのは大内兵衛と瀧川幸辰だ」と書いている。

また、一橋大学学長になった都留重人氏は、明らかにコミンテルンの手先であったことを告白してもいる。

少し見ただけでも、日本の主要大学の総長や有力教授は、戦前、日本の帝国大学に相応しくないとされた人たちだった。こういう人たちが、敗戦利得者として主要ポストに凱旋将軍《がいせんしょうぐん》の如く舞い戻ってきた。彼らが戦後、日本中に雨後《うご》の筍《たけのこ》の如く作られた大学や短大に教え子を輩出して教授職に育て、かつ、この人たちが作った試験問題で公務員を作った。

特に、主要大学は講座制だから定員が決まっている。その講座で学んだ人は必ずと言ってよいほど、教授と同じことを言う。その弟子も、またその弟子も同じ。その迷信はひ孫の弟子くらいになるまで続くことになる。

また、彼らが教えた主要大学の卒業生は優秀だから高級官僚になり、有力な新聞社や有力な出版社にもいっぱい入った。また、高校や中学校や小学校の教師もその系統の学者に教育されたのである。

気がついたら、日本はあっという間に知的生活の分野が左翼一色になってしまった。先述したコミンテルンのエージェントであるハーバート・ノーマンは、カナダ本国でも出ていない彼の全集が日本では岩波書店から出ているくらいだ。言論界を左翼が支配してしまうと、その人たちが死に絶えるまで世間はなかなか動かないであろう。

この時、辛《かろ》うじて生き残った出版社に、大きなところでは文藝春秋がある。いまでも覚えているが、『文藝春秋』に「天皇陛下大いに笑う」という記事が載った。辰野隆《たつのゆたか》（フランス文学者）、サトウハチロー（詩人）、徳川夢聲《とくがわむせい》（弁士・作家・俳優）が天皇陛下と愉快に話をしたという記事だった。

当時の左翼的な雰囲気のなかで、大雑誌にはこのような記事はまったくなかった。知的なものと言えば左翼的な考え方だ、という時代だ。

この記事を見て、一般の人たちは「まだこんな雑誌が残っているのか」と喜び、『文藝春秋』は当時、毎月十万部くらいずつ部数が伸びたという。知的だと言われていた左翼系雑誌を一般人は望んでいなかったということを示す例として、この記事の話を私は子供心にも覚えている。

ちなみに、文藝春秋を創った菊池寛《きくちかん》は公職追放された。菊池寛＝戦争責任者とみなされたということだから、いかに異常な事態かがわかるだろう。そこで文藝春秋は一度、解散する。しかし、残った佐佐木茂索《ささきもさく》氏、池島信平《いけじましんぺい》氏をはじめとする十二人が菊池寛から社名と誌名を貰い受け、なんとか再興した。

このように我々がいま、進歩的だとか左翼的だと言っている人たちは皆、敗戦利得者とその弟子たちなのである。

やがて、公職追放令はどんどん緩《ゆる》んでいく。特に朝鮮戦争が起こると、東京裁判における日本の弁護団の「東アジアの共産化を避けようとした」という言い分が正しかったということになり、逆に共産党幹部は追放せよということになった。実に滑稽《こっけい》な話である。

マッカーサーが日本を離れたあとは、リッジウェー中将が最高司令官に就任する。リッジウェーは、占領軍の指令の実施にあたって制定された占領下諸法令の再審査の権限を日本政府に与えるという声明を出し、すぐに追放の解除が始まった。最終的にはサンフランシスコ講和条約で日本が独立したので、追放令は廃止されたのである。

財閥解体は日本弱体化政策

占領軍は公職追放令以外にも、日本の内政にさまざまな政策を行なった。

そのなかに、財閥解体と土地改革がある。この二つの政策をアメリカで行なうことができるだろうか？　できるわけがない。アメリカのテキサスあたりに行って「農地改革だ」などと演説したら、三日以内に死体になって転がっているだろう。

自分の国では絶対にできないことを日本国で行なったのである。

財閥は左翼にとって目の敵《かたき》だったが、おそらくアメリカの左翼でない人々も日本の財閥の解体を支持したはずである。それは、天然資源が何もなく、国土の八割が山である小さな島国が、アメリカを相手に大戦争をしたからだ。少なくとも最初の一年半くらいは、どちらが勝つかわからないような状態だった。これをアメリカは日本に財力があったからだと受け取った。だから、財閥解体は日本に二度と戦争をさせない防波堤《ぼうはてい》になると考え、それを支持したのであろう。これに関しては、アメリカの右も左も一致してやりたかったのだと私は考えている。

ただ、さすがに経済界から戦犯は出さなかった。財閥から戦犯を出すことはさまざまな理由からやめたようだ。たしかに、満洲などに進んで出ていったのは新しい財閥であって、旧財閥ではなかった。しかしもちろん、公職追放はされている。

近代国家として発展するためには財閥的なものがなければならないということを一番よくわかっていたのは、韓国の朴正熙《ぼくせいき》（注1）大統領だったと思う。

近代国家というのは、「富国」でなければ「強兵」は実現しない。いくら武士を鍛《きた》えても、鉄砲には負ける。鉄砲も、三百メートルの射程距離のものよりも五百メートルの射程距離があるものが勝《まさ》るのは明らかだ。

李王朝がそれをやらなかったということを、戦前の心ある韓国人は骨身にしみてわかっていたと思う。だから朴正熙は財閥を作らせた。そして彼は明治維新の真似をして、「維新革命」というものを行なった。日本が羨ましかったのだ。そして「漢江《ハンガン》の奇跡」とのちに呼ばれる経済成長を成し遂げ、韓国を富国に向けて発進させた。

（注1）**朴正熙**（一九一七〜一九七九）　韓国の軍人・政治家。日本統治下の韓国に生まれ、日本の陸軍士官学校を卒業。終戦時は満洲国軍中尉。六一年、クーデターにより軍事政権を樹立、六三年に韓国大統領に就任。日韓基本条約を締結し、高度経済成長政策を推進したが、七九年、側近のＫＣＩＡ部長、金載圭《きんさいけい》によって暗殺された。

いまの土地問題をつくった改革

戦後日本の土地改革については、地主を廃止したことで小作人を喜ばせ、ある意味では共産革命を難しくしたという功績があるかもしれない。しかし長い目で見ると、小作人という敗戦利得者を作ったマイナス面は大きい。

明治以来、日本は山奥にまでたちまち鉄道を敷《し》いた。ブルドーザーなどの重機もない時代だから、鉄道を敷くというのは道路を造るよりも難しかったはずだ。そんな時代に、なぜ日本の隅々にまで速やかに鉄道を敷くことができたか。

戦前は大地主と話がつけば、土地を手に入れることは簡単だった。地主のなかには、お国のためだから、と儲《もう》けるつもりもないような人がたくさんいた。だから土地が大きな問題にはならなかった。

戦後は、何をやろうとしても土地の問題になる。しかも、地主と言っても元来は小百姓である。そして先祖代々、自分の土地だという人はあまりいない。

土地問題が絡《から》んで改革が進まないのは、ごね得だからである。これが土地改革で地主を廃止した弊害《へいがい》の一つの表れだ。

もっと重要なのは、地方文化が絶滅したことだ。講演を頼まれて地方の都市に出向いた際、私はよく「この都市の一番の納税者は誰ですか」と訊《き》いてみたが、ほとんどの中小の都市では医者だった。つまり、本当の金持ちがいないのである。

昔は地方には、村にも町にもたいてい一町屋敷があって、発信力は中央には劣るけれどもそれを中心に文化が作られていた。いまはそれがほとんどなくなっている。そして、

「東京と地方」というくらい差が大きくなってしまった。
これも土地改革の当然の結果である。

元小作人を太らせた

耕作させないので田舎では土地が荒れ果てたまま空いているのに、日本は食糧自給率が低いなどと馬鹿なことを言っている。私の郷里の鶴岡空港に降り、鶴岡市まで行く間に、草ぼうぼうの土地がたくさんある。減反政策で耕作できないらしい。しかし、大地主がいればそんな状態にはしておかないだろう。

自民党の加藤紘一《かとうこういち》氏はその選挙区の代議士であるが、彼は「このあたりは、小地主・大小作人です」とうまいことを言っていた。大きな地主はおらず、小さな地主たちは自分で耕さずに小作会社にまかせているということだ。何のための農地改革だったかわからない。

ただ、日本の土地改革は無料で土地を放出したのではなく、小作人はタダみたいな値段ではあるけれどもいくらかの金額で土地を買った。これがよかったことは、いまの中国を見ればわかる。

中国は土地を取り上げて地主を殺し、国有地にしてしまった。そしていま、農民が土地から追い立てられていることが問題になっている。私有財産ではないので、国や地方政権には追い立てる権利がある。

先の全人代（全国人民代表大会）でも土地所有の問題が出るのではないかという期待があったが、取り上げられなかった。できるはずがない。地主は、すでに六百万人も殺されているのである。誰に土地を返すのかという話になる。地主の子孫を探しても、それが本当の子孫なのかどうかわからない。

土地問題が解決できないままでは、シナの歴代王朝が農民暴動によって潰《つぶ》れていることから考えると、中国共産党王朝もこれがもとで潰れるかもしれない。

日本のように、どんなに安くても農民に土地を売るという形にしておけば、少なくともこの問題は避けられただろう。

日本の土地改革では、その後、発達する大都市周辺の農民が得をした。私の知っている銀行の人は、「日本の本当の金持ちは大都市周辺で田圃《たんぼ》を持っていた人です」と言っている。

東京でも練馬《ねりま》区あたりでは、一族がチャーター機でヨーロッパに遊びに行くというような話もあった。これは実業界の大物でもなかなかできないことである。私の家の近所にも某大商事会社の社長の家や某国際的大企業の社長の家があるが、そんなに大きな家ではない。そして、その脇には何倍も大きな農業をやっていない農家があったりする。

日本の産業を支えた、本来は大金持ちであるべき人たちは、東京周辺の元小作人の足《あし》下《もと》にも及ばない。こういうことを我々は知っておく必要がある。

戦勝国と称した在日朝鮮人

このように、いまの日本の政治を難しくしているのが敗戦利得者たちだ。他の敗戦利得者として、在日朝鮮人の勃興《ぼっこう》がある。

戦前の日本に来た普通の朝鮮人には金持ちなど一人もいなかった。それが戦後は一人残らず金持ちになった。あとで貧しくなった人たちもいるが、その人たちは強制連行されたなどと嘘をつく。

彼らは戦後の焼け跡に住みついて、それが自分の土地だと主張し、金持ちになった。だからパチンコ店や焼き肉屋が駅の近くの便利な場所にある。あの土地を元来、彼らが持っていたはずはない。戦争で焼けて所有者が亡くなったり、行方知れずになったりした所に居座った例が多いのだ。

そんなことができた理由の一つに、日本には当時、不動産泥棒に対する罰則がなかったということがある。不動産を盗むということが普通はないからだ。

焼け野原になった日本で最初に駅の近くにできたのは闇市《やみいち》で、そこでは警察が取り締まれなかった集団が圧倒的に有利だった。これがいわゆる第三国人である。第三国人というのは蔑称《べっしょう》ではない。日本と戦った当事国ではない国を第三国と言っただけのことだ。

神戸では、第三国人に警察まで占領されたことがあった。それを救ったのが暴力団の山口組だったりしたものだから、長い間、警察は山口組に頭が上がらなかったと言われる。

在日朝鮮人は戦後、あたかも正義のごとく、自分たちの主張を通してきた。しかも自分たちを戦勝国民と称した。特に北朝鮮系の団体には、税務署もずっと入らないままだった。米ブッシュ政権が北朝鮮をテロ国家と指定し、小泉政権がそれに応じて拉致《らち》問題を絡めて経済制裁をし、ようやく普通の日本人並みに税務調査が入った。

戦後六十年間、税金をまともに取られなかった者と厳しく取られた者の儲けの差といったら、大変なものである。たとえば赤坂を歩いてみるとわかるが、伝統的な高級料亭が次から次へと潰れ、そのあとにコリア系の店ができる。日本人の高級料亭がまともに相続税を取られて潰れたあとに、税務署も手の出せなかったような連中が入ったという印象を受ける。

木田元《きだげん》という哲学者が、私の郷里に疎開されていた。この人は海軍兵学校の学生時代に敗戦になって、原爆も呉《くれ》沖から自分の目で見た。そして父親が復員してくるまで、母親や女きょうだいを食べさせるために担《かつ》ぎ屋《や》（闇物資の運搬）をやっていた。

当時の体験として、彼がこんなことを語っている。敗戦直後は汽車が物凄く混む。ところが朝鮮人が乗っている車両は、彼らが日本人を入れないからがらがらに空いていた。そこに木田さんが入って行くと殴られる。それでも頑張って潜《もぐ》り込んだという。

こういう事態に対して、日本にはどうする力もなかった。悪徳朝鮮人を好き放題に蔓延《はびこ》らせたということを我々は忘れてはいけない。

私が一番腹立たしいのは、朝鮮人が戦勝国民だと言ったことだ。日本は朝鮮と戦っていないにもかかわらず、そういうことを言い出した。それどころか、彼らのなかには日本軍の特攻隊にも参加してくれた人もいたし、日本軍の景気のいい時は志願兵が多くて競争率が何十倍にもなっていた。

第4章

日本の歴史を奪った占領軍の「教育改革」

「日本精神」の排除

占領軍がやってきた時、第一次世界大戦までの文明国が、戦勝国になったからといって決して行わなかった政策を占領軍は行なった。

一つは「神道指令《しんとうしれい》」。宗教に対する干渉である。

もう一つは、日本人から歴史を奪ったことだ。教育によって、日本の歴史を軍国主義で暗いものだと辱《はずかし》めた。これは東京裁判と歩調を合わせて行なわれ、大東亜戦争のみならず、日清・日露戦争時の歴史まで真っ黒にしてしまった。

これらはアメリカの偽善であると同時に、占領政策としては素晴らしい洞察をもって行なわれたものである。

アメリカの太平洋艦隊司令長官であるスプルーアンス提督《ていとく》が日本に来た時、こんな天然資源もない国がなぜ近代戦を戦えたのかと考えたという。すると、それは「日本精神」に行き着いた。

そう考えたのはスプルーアンス提督ばかりではない。アメリカ政府と占領軍総司令部が「日本精神」の排除を占領政策に盛り込んだのが、「神道指令」と日本人から歴史を奪った「教育改革」なのである。

アメリカ人は国旗に忠誠を誓う

昭和二十一年（一九四六）三月、アメリカの教育使節団が日本にやってきた。そして「日本を民主主義国家にしなければならない」という名目で、日本に教育改革をさせた。

これは、ポツダム宣言にも沿わない行為である。前述したように、ポツダム宣言の第十項では「日本国国民ノ間ニ於ケル民主主義的傾向ノ復活強化ニ対スル一切ノ障礙《ショウガイ》ヲ除去スヘシ」と言っている（傍点渡部）。

つまり、ポツダム宣言の時点においては、明治憲法の下で民主主義的傾向があったときちんと理解されていた。しかし、占領軍としてやってきたアメリカは、日本に民主主義などなかったものとして教育改革を行なっていったのである。

私は当時、すでに中学生だったので経験していないが、小学生は皆、教科書を墨で塗り潰《つぶ》した記憶があるという。これは、アメリカ人の偽善の極みである。

アメリカの幼稚園、小学校で必ず毎日、胸に手を当てて唱えさせている言葉がある。

「I pledge allegiance to the flag of the United States of America and to the Republic for which it stands, one Nation under God, indivisible, with Liberty and Justice for all.」

直訳すれば、「私はアメリカ合衆国の旗、およびそれが代表するところの共和国、神の下における一つの国家であり、わかつことができず、全てに自由と正義を与える国家に忠誠を誓います」というような意味になる。

アメリカの初等教育というものは大した学科の授業をしていないところもあるのだが、これだけは毎日、言わせている。

私はシナ事変が始まった年に小学校に入学し、小学校五年生の時にアメリカとの戦争が始まり、旧制中学校の時に総力戦の時期を迎えた。全て公立の学校だ。旧制中学は軍国主義だと言われているが、アメリカのような文句を唱えたことなど一度もない。

戦争が始まってからは毎月八日に「大詔奉戴日《たいしょうほうたいび》」というものがあり、校長先生が宣戦の大詔を読み上げた。

「天佑《テンユウ》ヲ保有シ万世一系ノ皇祚《コウソ》ヲ践《フ》メル大日本帝国天皇ハ昭《アキラカ》ニ忠誠勇武ナル汝有衆《ユウシユウ》ニ示ス

朕茲《チンココ》ニ米国及《オヨビ》英国ニ対シテ戦ヲ宣《セン》ス朕カ陸海将兵ハ全力ヲ奮《フルツ》テ交戦ニ従事シ朕カ百僚《ヒヤクリヨウ》

有司《ユウシ》ハ励精《レイセイ》職務ヲ奉行《ホウコウ》シ朕カ衆庶《シユウシヨ》ハ各々《オノオノ》其ノ本分ヲ尽《ツク》シ億兆《オクチヨウ》一心国家ノ総力《ソウリヨク》ヲ挙ケテ征戦ノ目的ヲ達成スルニ遺算《イサン》ナカラムコトヲ期セヨ……」

まだまだ続く。まことに長いものだ。その時、国旗掲揚をするのだが、雨が降っていれば取りやめになった。

私たちが行なったのは、月一回のこの行事くらいのものだった。しかしアメリカでは毎日、自国に忠誠を誓う文句を唱えさせている。

そしてアメリカは、自分の国では一番重要だとしている、自国を讃《たた》えて忠誠を誓う行為を、教育改革によって徹底的に日本から排除したのである。

当時、日本の教育関係者は大勢、アメリカに行っているはずだ。彼らが何を見てきたのか知らないが、アメリカでは国旗に忠誠を誓うにもかかわらず、日本では国旗を掲揚することもできない状況について指摘した人は私の知る限りいなかった。

アメリカ人の国旗への忠誠については、日本人駐在員の人などが実際に子供をアメリカの幼稚園や小学校に入れた経験から直接、私に話してくれただけである。アメリカを訪ねたり、アメリカに留学した教育関係者は、誰もこの重要な点に気づかなかった。

辱《はずかし》められた歴史が染みついた人たち

日本が悪い国であったことの象徴とされたのが、「日の丸・君が代」である。そして反日教育では日の丸を掲揚させず、君が代を歌わせなかった。

この反日教育を受けて育った人の馬鹿げた例を挙げておこう。

平成十八年（二〇〇六）九月二十一日、東京地裁において、難波孝一裁判長は、日の丸・君が代強要は違憲・違法との判決を下している。起立・斉唱の義務がないとして違反者の処分を禁止し、四百一人の原告全員に一人当たり三万円の慰謝料を支払うよう都に命じた。

入学式や卒業式で日の丸に向かっての起立や君が代の斉唱を強要するのは不当だとして、東京都立の高校や養護学校などの教職員が都教委などを相手に、起立や斉唱義務がないことの確認などを求めた訴訟の判決である。

この難波裁判官の判決要旨には、「我が国において、日の丸、君が代は、明治時代以降、第二次世界大戦終了までの間、皇国思想や軍国主義思想の精神的支柱として用いられてきたことがあることは否定しがたい歴史的事実であり、国旗・国歌法により、日の丸、君が代が国旗、国歌と規定された現在においても、なお国民の間で宗教的、政治的にみて日の丸、君が代が価値中立的なものと認められるまでには至っていない状況にある。このため、入学式などで国旗掲揚、国歌斉唱をすることに反対する者も少なからずおり、このような世界観、主義、主張を持つ者の思想・良心の自由も他者の権利を侵害するなどの公共の福祉に反しない限り、憲法上、保護に値するというべきである。従って、教職員に対し、一律に式典で国歌斉唱の際に国旗に向かって起立し、国歌を斉唱することなどの義務を課すことは、思想・良心の自由に対する制約になるものと解するのが相当である」(二〇〇六年九月二十二日、読売新聞)とある。

判決要旨を読めば一目瞭然だが、難波裁判長は戦後にアメリカが行なった教育改革、つまり日の丸・君が代が軍国主義の象徴だと植えつけられたその思想のままで、法廷に立っている。そして、公立学校の教師という公務員が、公式の場において国旗国歌に対して敬意を表さないことを罰するのは違憲・違法だと言っているのである。

難波裁判長は必死に司法試験の勉強をして、歴史の勉強をする時間がなかったのかもしれない。教科書に墨を塗った時代のままの感覚でいる。

もう一人の例として、NHK『クローズアップ現代』のキャスターを務める国谷《くにや》裕子《ひろこ》さんを挙げておく。彼女は美人で頭の回転も早く、言葉の使い方も素晴らしい女性である。国谷さんは典型的な才女だと私は思う。

この国谷さんがテレビで、「国旗国歌強要に反対した教師が教育委員会から罰せられるのはおかしい」と物凄い剣幕で言われた。

国谷さんはアメリカのブラウン大学を卒業しているから、何年もの間、アメリカに留学していたわけだ。しかも頭脳明晰《ずのうめいせき》な女性である。

しかし頭のなかは、終戦直後にアメリカの教育調査団が来た時のままで、アメリカによって辱められた日本の歴史が染みついている。そうでなければ、生徒にものを教える公務員の立場の人間が、公の場で国旗国歌に敬意を表さないなどということが、アメリカであれ他の国であれ、許されることではないくらいわからないはずがない。

この問題が起こった時、彼女の頭のなかに、長年暮らしたアメリカの国旗国歌に対する国民の姿が思い浮かびもしなかったということが恐ろしい。

さらに一つつけ加えておけば、日本が戦った戦争をアメリカ情報部の史観で見ることが、戦後の日本で定着したことである。

占領軍は昭和二十年（一九四五）十二月八日から日本中の新聞に「太平洋戦争史」を掲

載させたが、これこそ東京裁判における検事側史観そのものであった。これはのちにまとめられて『太平洋戦争史』として翌年四月に出版された。この翻訳者の中屋健弌《なかやけんいち》氏は、「その公正なる資料と共に戦後我々が眼にふれたこの種文献中の最高峰たる地位を占めるものである……」とその序文に書いた。

この中屋氏はその後、東大のアメリカ史の教授となった。この人は左翼ではなかったかもしれないが、東京裁判の検事の昭和史に対する歴史観を日本人に扶植《ふしょく》するのに大きな力になった。左翼でなくても、国谷さんでも中屋氏でも、アメリカ占領軍、特に東京裁判の検事の見方を正しい史観と思い込んで、日本人の心を知らず知らず凌辱《りょうじょく》し続けているのである。

アメリカで教育を受けた人にはこのタイプの人が少なくない。日本人の歴史を日本の立場から見ることをしないで、戦争中のアメリカの戦時プロパガンダ的な日本史観が横行している一つの原因である。

教職を埋めた左翼

昭和二十一年（一九四六）三月にアメリカの教育使節団がやってきて、五月には教職員追放令が公布された。そして、教職適格審査というものが始まった。

当時の教員は七十万人くらいいたが、密告が増え、その結果、五千二百人が追放になった。そして、それを見ていて密告されるのを嫌がった人たちなど、約十一万六千人が教職を去った。

戦前から教育を担《にな》ってきたまともな教師が七十万人のうち、十二万人もいなくなったのである。この教職を去った人たちは、だいたいが師範学校（注1）の卒業者だった。師範学校の卒業者は、軍国主義者だということで敵視されたのだ。

日本文化会議を創って専務理事になった鈴木重信氏の主張を、私は聞いたことがある。鈴木さんは、「なんだかんだと言っても師範学校を出た人にはいい先生がいた。教える情熱があり、教育の重要性をよく知っていて、教え方も上手だった」と言っておられた。

そのように優秀な教師、十二万人がいなくなったあとを埋めたのが左翼だった。教職を左翼が埋めて、日本がよくなるわけがない。

しかもその時、教育界に影響を及ぼすような教授や知識人はコミンテルン、共産党に関係し、戦前は帝国大学から追放されたような人たちだ。彼らがカムバックしてきて、「戦前は悪かった」と唱えた。自分たちにとって悪い状況だったからそう言うのは当然だろう。そして、現在の左派の先生たちは彼らから徹底的に教育を受け、反日思想をよく勉強したのである。

昭和三十五年（一九六〇）の暮れ頃の『週刊サンケイ』という雑誌を、先日、書庫のなかで見つけた。そのなかで「影響を受けた本」というのをたくさんの人が挙げている。岩波書店を拠点にした知識人の代表的存在で、左翼に多大な影響を与えた羽仁五郎《はにごろう》氏は『朝鮮人強制連行の記録』（朴慶植）を挙げていた。

ここからもわかるように、教育界における朝鮮人尊重は酷く、日本が日の丸を掲げるようになってからも大阪のほうでは掲げない学校が多かった。これは、朝鮮系の子供が学校にいるのに、日本の国旗を掲げるのは申し訳ないというようなことになっていたからだ。

日本が自国の国旗掲揚をするのにこんな配慮をするというおかしなことが起こっていた。ここまで教育界は歪《ゆが》んでしまったのである。

（注１）**師範学校**　教員養成を目的に設けられた旧制の学校。昭和十八年（一九四三）よりすべて官立に移管。授業料免除のため、経済的に恵まれない家の学業優秀な子弟の救済にも

なり、有能な人材が集まった（日露戦争に活躍した軍人・秋山好古《あきやまよしふる》、のちの韓国大統領・朴《ぼく》正熙《せいき》、実業家・五島慶太《ごとうけいた》など）。戦後、軍国主義教育の温床《おんしょう》と見なしたGHQの意向により、学芸大学ないし国立大学教育学部として新制大学に組み込まれた。

教育勅語は廃止できない

もっと悲劇的なことが教育勅語《きょういくちょくご》に起こっている。

明治二十三年（一八九〇）に発布された教育勅語に関して、明治政府は非常に慎重だった。教育勅語の原案は井上毅《いのうえこわし》（注1）が作り、天皇側近の儒者、元田永孚《もとだながざね》と相談しながら最終案をまとめた。井上毅は、特定の宗派宗教を連想させるような言葉は使わないという信念に基づいて原案を作っている。

また、新しい宗教のようなものを日本が発布したと先進諸国に思われるのではないかとの配慮から、明治政府は当時の代表的な学者に命じて教育勅語を翻訳させた。英訳、仏訳、独訳、漢訳など何カ国語にも訳させている。

しかし、どの国からも反対はなかった。進駐軍も最初は、教育勅語によくないことが書いてあるなどとは言わなかった。

ところが、東大系の学者などが、教育勅語は軍国主義に繋がるなどと言ったために、何もわからない進駐軍は「そうなのか」と思ったのである。

公職追放令の項でも触れたが、議員たちは皆、追放されるのが怖くて仕方がなかった。だから進駐軍が教育勅語を「軍国主義的と考えている」と知らされると、追放が怖くてそれに賛成するほかなかったのである。

教育基本法ができたのは昭和二十二年（一九四七）のことだが、その頃はまだ教育勅語は廃止されていなかった。したがって、教育勅語に書いてある道徳や愛国心について、わざわざ教育基本法のなかで言う必要がなかった。

その後、教育勅語が廃止されてしまうと、「教育勅語」と「教育基本法」の両輪で完成されるはずだったものから、道徳的なことや愛国心がすっぽりと抜け落ちてしまうことになった。二輪車が一輪車になって、精神的なものに関する教育がなくなってしまったのである。

それがずっと仇《あだ》をなしてきて、安倍晋三《あべしんぞう》内閣の時の教育基本法の改正でようやく取り戻すところまできた。

教育勅語の廃止は大きな影響があったと思う。私が大学時代に、夏休みに田舎に帰って子供の頃から通っている床屋に行った時、店主の矢口さんという方が「困ったことになった。教育勅語がなくなったから子供を叱れない」とこぼしていた。

親孝行しろと言っても、教育勅語に書かれていることを議会が廃止したので言えないわけだ。「父母ニ孝ニ兄弟ニ友ニ夫婦相和シ朋友相信シ」も全部廃止されてしまったので、夫婦喧嘩も絶えない。道徳項目を廃止したというのは馬鹿げた話である。

教育勅語はいわゆる法律ではない。天皇陛下のお言葉という意味合いから、天皇ご自身の御名御璽《ぎょめいぎょじ》だけが記され、国務大臣の名前は副署されていない。つまり、明治天皇が道徳に関する希望を述べられて、皆さん、私と同じように道徳を重んじましょうということなのだ。

教育勅語の性格は、親鸞上人《しんらんしょうにん》や日蓮上人《にちれん》のお言葉と似たような種類のものであって、天皇陛下の個人的な信念だから、法令でもないのに議会で廃止するということがそもそもおかしいのである。

戦前にも、教育勅語が問題になったことがあった。憲法学者の美濃部達吉《みのべたつきち》氏が、「天皇機関説」で揉めた時に「教育勅語も機関としての天皇のお言葉だ」と言ったため、道徳が法律なのかという大きな反発を招いた。しかし、美濃部氏はさすがに法律家だけあって、すぐに法律でないことに気づいて前言撤回した。だから、教育勅語が法律でないことは美濃部氏も認めたことなのだ。

その教育勅語を廃止したということは、国会が徳目を公式に廃止したということになる。

戦前のように、教育勅語を全ての公立の学校で教える、または校長先生が朗読するということは難しいかもしれない。しかし、廃止してはいけないものを、また廃止できないものを廃止したのだから、国会は教育勅語廃止令を廃止する決議を行うべきである。

（注１）**井上毅**（一八四三〜一八九五）政治家。旧熊本藩士。伊藤博文の下で大日本帝国憲法・皇室典範《こうしつてんぱん》の起草にあたり、教育勅語のほか軍人勅諭《ぐんじんちょくゆ》など多くの勅令・法令の起草に関与した。

ジリ貧「日教組」に安心してはいけない

昭和二十二年（一九四七）六月には日教組（日本教職員組合）ができた。先ほど述べたように、まともな教師が教職追放されてそのあとを左翼が埋めたため、日教組にも当然、左翼が多い。

日教組のなかには主流派と言われる社会党系と、反主流派と言われる共産党系など、いろいろな派閥があった。しかしどちらにしても、親ソ連、親中国、親北朝鮮である。

その日教組は、管理職を敵にする方向に持っていくことに成功する。日教組ができた当初は、校長、教頭も組合員だった。それをＩＬＯ（国際労働機関）などに訴えて、組合に入れないようにした。

そして、教職員組合が日の丸・君が代の扱いをはじめ、すべてを決めることにし、それを押さえようとする校長や教頭は排除するという管理職敵視政策を確立したのである。

また、日教組のなかには組合専従という人が出てきた。最初のうちは、教職員が二年か三年、組合活動をし、その間は授業をしないが、また教職に戻ってくるというようなシステムだった。しかし、それが次第に専従になってきたのである。

この人たちは教員ではあったが、教員でなくなるわけだ。すると、それを踏み台にして社会党員などになり、政治活動をするようになる。そうして、日教組は左翼政治家の苗代《なわしろ》になった。

そして、政治に向かった者は日本民主教育政治連盟を作る。そこから代議士になろうとした。

日教組の元議長で、槙枝元文《まきえだもとふみ》という人がいる。私は槙枝さんと対談したことがあるが、戦前にだけあった青年師範学校を出た方で、考え方は私と違っていたが、感じのいい方だった。戦争中は軍隊に入り、憲兵だったらしい。憲兵というのは、兵士のなかから能力抜群の者だけが選ばれるのである。

槙枝さんは日教組が一番盛んな頃の議長で、総評の議長にまでなった。北朝鮮に行き、金日成《キムイルソン》主席に会って勲章をもらうくらい北朝鮮の体制を賛美した人だ。日中技能者交流センター理事長や朝鮮の自主的平和統一支持日本委員会議長なども務められた。

槙枝さんと話した時に南京問題について訊いたら、「占領後に時間をかけてたくさん殺したのじゃないですか」というようなことを言っていた。憲兵であった人なら、そんな大量虐殺計画を日本軍が持つわけがないことを知っていたはずなので、「おかしなことを言うものだ」と思った記憶がある。

槙枝さんが議長だった時代の日教組は組合主義で、統一ストをめったやたらとやらせ、教育現場を放り出すこともあった。しかしその後、法律が変わったこともあって、そうそうストばかりやってはいられない状況になった。

ソ連解体後、急速に日教組は力を失っていった。中国を賛美しようとしても、いつの間にか中国は日本より格差の激しい反社会主義的社会主義国になり、北朝鮮は極端な独裁世襲国家で、国民は命がけで逃げ出すし、逃げることのできない多数の者が餓死していると報じられている。だから、親ソ連、親中国、親北朝鮮の方針も消えつつある。

では彼らはいまどうしているかといえば、民主党に潜り込んでいる。だから、民主党の支持団体の有力なものの一つがおかしいということに気づかなければならない。

日の丸・君が代に関しては法律化したし、公立学校ではこれに関する反対運動は取り締まることになった。正常化に向かって大きく進んでいると言える。

しかし、これからもまだ安心してはいけない。日教組というわかりやすい形でのソ連万歳という姿は目につかなくなったが、これはデキモノが消えただけのようなもので、その菌は深く残っている。

悪質なものは民主党に入り込み、文部科学省にも入り込んでいる。文科省で「ゆとり教育」を進めたのは、左翼が反政府運動をしていても駄目だと気づき、政府のなかに入ろうと思い立ったと自ら言っているような人たちだった。

これは重大な事態である。こういう人たちが推進した「ゆとり教育」のために、日本人の子供の学力が著《いちじる》しく低下したのは、多くの人が指摘しているとおりだ。日教組の力が弱くなったからといって安心してはいけない。その陰では、いつでも息を吹き返そうとしている勢力がいることを忘れてはならないのである。

学校は戦前に戻すほうがいい

今後の教育については、もちろん公立の学校はあっていいが、塾も学校と認めたほうがいいと私は思っている。それは、教師の信念で教えることができるからだ。もちろん、カルト集団のようになっては困るから、社会に対してはオープンで透明度の高い存在であるべきだ。

しかし、公立でも私立でも、塾でもいい。公立の学校と塾と両方に通ってもいいというような体制にすべきであろう。

子供のなかには、たくさんのクラスメイトがいるなかで勉強し、成長するのが得意だという子もいる。少人数のほうが向いている子もいる。そういう子供たちは、塾で勉強すれば学力がぐっと伸びるはずだ。

義務教育の学校は山のなかにも過疎地《かそち》にもあるのだから設立基準はないのではないか、

と教育に関する法律をすべて調べたことがある。すると、設立基準はない。しかし、認可するのは地方自治体だ。実際にはなぜか、私立小学校創立の許可はほとんど出なかったようだ。

高等学校については各自治体が設立基準を作っているようだが、本当はそんなものはなくてもいい。基準を作るということは、その時までにあった学校の平均をとっただけであって、合理的な判断をしたわけではないからだ。

いわんや小学校や中学校ならば、自由に設立させ、透明性を保てばいい。そして、数学が得意な子や野球が得意な子を伸び伸び育てる環境ができればいい。もちろん、公立の学校に通ってもいいわけだ。

戦前の義務教育というのは、親が子供に教育を受けさせる義務であって、子供が学校に行く義務はなかった。親が子供に教えてもよかったのである。主要科目を半年に一回くらい最寄りの学校に行って校長先生にテストをしてもらい、まあまあできればよしとした。戦前のほうが自由だったと言える。

それがなくなったのは、昭和十六年（一九四一）に国民学校令というのが出されたためである。小学校から名前が変わった国民学校は、学区もきちんと決められた厳しいものになった。第二次近衛《このえ》内閣の文部大臣になった橋田邦彦《はしだくにひこ》の下で、ドイツのフォルクスシューレ（国民学校）に倣《なら》って小学校を国民学校に変えたのである。生理学者で東大教授であった橋田は、科学振興という国策推進に熱心だったが、その反面、戦前の自由主義的な児童教育には同情がなかったのではないか。彼は日本敗戦後、戦犯に指名されると服毒自殺した。しかし、日本の教育界には国民学校時代の名残《なごり》がずっと続いているのだ。

戦争中には、私立の学校は全部なくすという方針がとられた。しかし、伝統ある私立校もあるから一致協力して嘆願し、なんとか残してもらった。ただし、空襲で焼けたりするともう再興させてもらえない。

タレントの黒柳徹子さんが通っていたことでよく知られている「トモエ学園」は自由で特色ある学校だったようだが、払い下げてもらった電車の車両を使っていたような環境だったから、焼けたらもう再興させてもらえなかったのである。

戦時中の全体主義的な教育体制は、おそらく文部省（現文科省）にも教員組合にも都合がいいということで、戦後もそのまま残してきた。だから、そこを破るためには戦前に戻すべきだと言いたい。戦前に戻すということは、塾と学校の差がないということだ。

練達度の基準を文科省が示すことは自由である。しかし、基準を設けてもそれを習得できない子はいまでもたくさんいるし、逆にそれ以上に習熟度が高い子も出てくるだろう。

なぜこういうことができないかというと、戦前の自由な制度に戻っても、役所も先生も得をしないからだ。予算がつかないものに対して、役所は動かない。

教育改革は税制改革から

大学については研究が重要な役割を担うが、学校だけでは解決できない研究費という問題がある。これを解決するには、私有財産制の擁護《ようご》をしなければならないと私は思っている。

大金持ちが、気まぐれな研究にポンとお金を出すような状況を作らなければならない。そういうことがないと、活気のある研究はできないのである。

私は大学で科学研究費に関係したことがあるが、たとえば医学分野だと癌《がん》に特別に大きな予算がつく。ところが、そこから癌治療のための何かが実を結んだかというと、何もないに等しいという。癌研究をしていた国立癌研究所の所長が何人も癌で亡くなったりしていた。

癌になっても抗癌剤を使わないほうがよい、という風潮も最近はある。そのような研究は、癌についた国の特別の予算を使わない、自主的に研究したところから生まれている。

もちろん、国家の目標として研究したほうがよい分野もある。宇宙開発とか海洋開発とか、大規模研究施設の必要な分野は厖大《ぼうだい》な予算を必要とするからである。しかしその一方で、お金を自由に使える大金持ちが気まぐれで研究費を出すような環境も必要だ。なぜなら、国の研究費で研究を行なうと、どうしても流行を追いかけることになるからである。

学問というのは流行とは異なる場所から、ふっとよい発明や発見が生まれる。そのためにお金持ちが必要なのである。

アメリカの大学が羨《うらや》ましいのは、物凄く寄付が集まることだ。そしてアメリカの大学の学長に一番必要とされるのは、寄付を集める能力である。研究費がふんだんにあり、奨学金が自由に出るという環境は素晴らしい。

アメリカは格差社会だと言われながらも、アメリカから逃げ出す人はいない。その理由の一つは、ほんの少しでも勉強ができたり、運動ができたりすれば、奨学金がもらえるシステムが発達していることだ。そのため、奨学金がもらえなかった人も諦《あきら》めがついて、悪い社会だとは思わない。

私有財産制の擁護まで考えなければ、日本の学問は育たない。文科大臣時代の伊吹文明《いぶきぶんめい》氏と対談した時、大臣も文教行政には文教と直接関係のない問題、たとえば税制なども大切だと考えておられるという印象を受けた。大学の研究レベルは、私有財産制度と密接な関係があることを忘れてはならない。

第5章

「占領政策基本法」だった新憲法

「主権のない時代に憲法ができるわけがない」

戦後を特徴づけた最大のマイナス要因が占領政策、なかでも公職追放令だとしたら、一般にプラス要因とされているのが新憲法（日本国憲法）だろう。

新憲法は、日本の新しい出発と平和の象徴として扱われてきた。特に第九条は神聖視され、もはや宗教の段階にまで高められているのが現状である。

連合軍による日本の占領はポツダム宣言受諾《じゅだく》によって始まった。ポツダム宣言を受諾するにあたって日本は、国体が維持されるかどうかをたしかめるために連合軍に問い合わせている。つまり天皇陛下をどうするかということだが、その時、連合国側は、天皇は連合国軍総司令官に「subject to」と答えた。直訳すると「天皇は隷属《れいぞく》する」ということだ。これを聞いた日本は、「隷属するなら廃止されるわけではない」のだと解釈し、ポツダム宣言を受諾したのである。

ポツダム宣言受諾の決断は、明治憲法第十三条にある「天皇ハ戦ヲ宣シ和ヲ講シ及諸般ノ条約ヲ締結ス」という「天皇の外交大権」によるものだ。しかし、占領されると天皇は「subject to」だから、占領軍の下に置かれることになった。

したがって、当然ながら占領下の日本には主権がなかった。一番わかりやすい例を引けば、憲法は主権の発動によるものだと言うが、新憲法が発令されたあとでも、日本国内で日本の刑法によらずに死刑が執行された。東京裁判である。

日本の新憲法が主権の発動でないことを、これほどわかりやすく示したものはない。憲法の上にもう一つ憲法があるなど、あり得ないことだ。すなわち、新憲法は普通の憲法ではないということを理解することから始めなければいけない。

日本の憲法学者はさまざまなことを言うが、「主権のない時代に主権の発動たる憲法ができるわけがないではないか」というのが、一番真っ当な憲法に対する考え方だと私は思う。

では、日本国憲法とはいったい何なのか。

占領軍は直接軍事占領を行なう予定でいたが、重光葵《しげみつまもる》外務大臣の努力によって間接統治になった。日本政府の上に占領軍があり、占領軍は日本政府を通じて日本国を統治するという図式だ。

日本国憲法は、この図式のなかで占領軍が日本支配を都合よく行なうための「占領政策基本法」だったのである。

これに対していまの護憲学者は、日本国憲法には天皇陛下のまえがき（上諭《じょうゆ》）もついており議会でも議論したことになっている、枢密院《すうみついん》でも精査したことになっているではないか、と言う。

しかし、大学で憲法を教えているような憲法学者の言うことには聞く耳を持たないほうがいい。なぜなら、憲法というのはすでに存在するもので、憲法学を教えるということはいまある憲法を解釈して飯を食うということだからである。その憲法を「憲法でない」などと言ったら飯が食えなくなる。

そもそも、憲法ではない日本国憲法を憲法だと言った親玉は、占領下における東京大学法学部教授であった宮澤俊義《みやざわとしよし》氏や横田喜三郎《よこたきさぶろう》氏である。いまから見れば、売国的な憲法学者だと言える。

その弟子たちが恩師に憲法学の席を譲ってもらって、「日本国憲法は憲法ではない」などと言うわけがない。だからいまの、特に東大から派生した憲法学者の意見など参考になるはずがないのである。

新憲法は失効させるべし

　では、護憲学者が主張する日本国憲法の正統性についてはどう考えればよいか。憲法学者のなかでおそらく唯一、大学を出ていない南出喜久治《みなみできくじ》弁護士の意見が一番、筋が通っていると思う。

　ポツダム宣言で、天皇は「subject to」された。その後、憲法を作れという命令が下り、草案まで押しつけられた。それを新憲法にするために「憲法草案委員会」というものが作られたが、九九パーセントは占領軍の原案を翻訳するのが仕事だった。日本の委員たちが草案を作ったわけではない。

　そして、天皇陛下は占領軍統治下だから被脅迫状況にあった。したがって、憲法上諭に正統性はないと言える。なにしろ、連合国軍総司令官に「隷属《subject to》して」おられたわけだから。

「朕《ちん》は、日本国民の総意に基《もと》いて、新日本建設の礎《いしずえ》が、定まるに至つたことを、深くよろこび、樞密顧問の諮詢《しじゆん》及び帝国憲法第七十三条による帝国議会の議決を経た帝国憲法の改正を裁可し、ここにこれを公布せしめる」

　上諭にはこうあるが、日本国民の総意に基づいてなどいないことは明白である。占領下には「プレスコード」があったから情報が漏れるわけがなく、いわんや憲法草案の批判などできるはずがない。だから天皇陛下は嘘を言わされたことになる。

この状況をどう説明すればよいか。

「条約憲法」という概念がある。日本が連合軍の占領下にあり、天皇陛下も連合国軍総司令官に隷属されていたということは、つまり日本政府そのものが連合軍に隷属していたのである。そのなかで新憲法を作ったということは、これは占領軍とのポツダム宣言に基づく条約だと考えられる。

言い換えれば、日本国憲法は条約憲法で普通の憲法ではない。正確に言えば、占領政策基本法ということになるだろう。

条約憲法だから、条約の終結時、つまり独立回復時に日本政府は日本国憲法を失効とし、主権の発動たる憲法、つまり普通の憲法の制定か明治憲法に復帰を宣言し、それと同時に、その手続きに基づき明治憲法の改正をしなければならなかった。まして、占領軍の作った下書きに基づいて作られた日本国憲法をずるずると崇《あが》め、またそれを改正していくということをすべきではないのである。

フランスはドイツに占領されてビシー政権（注1）になった経験があるから、国土の一部、および全部が占領されている時は憲法を改正してはいけないことになっている。

そしてド・ゴールが政権を取った時、ビシー政権で制定されたことはすべてなかったことにした。

いま、日本国憲法を改正しようという議論があるが、これは必ずあとで傷となる。素人《しろうと》の私にも気がつくことに、将来の憲法学者が気づかないわけがない。主権のない時代に作られた憲法を改正したりしたら、独立後の日本人がその憲法に正統性《レジテマシー》を与えたことになるという議論がのちに必ず起こる。

もちろん、新しく作る憲法の中身は現日本国憲法と同じでもいい。しかし、いまの憲法は一度失効させねばならない。

憲法第九十六条の改正条項について、日本は何年間も議論を続けている。占領軍が全体を十日足らずで作ったものであるにもかかわらず、改正条項だけで日本をあげて何年も議論しているのである。滑稽《こっけい》極まりない。

なぜ滑稽か。インチキだからだ。筋が通っていないから滑稽なのである。

以前、政治評論家の竹村健一氏が「世界の常識は日本の非常識、日本の常識は世界の非常識」と言った。それについては、ほとんどの外国人が頷《うなず》いている。

なるほど、戦後の「日本の常識は世界の非常識」だが、戦前の日本はそう言われただろうか。そんなことはない。日本は明治以来、日本の常識を世界の常識に合わせる努力をしてきた。明治憲法もそれを目指したものだったから、明治以後の日本のスタンダードは間違いなく世界のスタンダードだったのである。

ところが、「占領政策基本法」である日本国憲法を本物の憲法だというようなインチキな主張を盾にとると、すべてがおかしくなる。何かにつけて「日本の常識は世界の非常識」になったわけである。

日本国憲法前文には、「日本国民は、恒久《こうきゆう》の平和を念願し、人間相互の関係を支配する崇高な理想を深く自覚するのであつて、平和を愛する諸国民の公正と信義に信頼して、われらの安全と生存を保持しようと決意した」(傍点渡部)と記されている。

たとえば、モナコがフランスに安全を委《ゆだ》ねるように、小さな国が大きな国と同盟を結ぶ時に安全を委ねるということはあるだろう。しかし、他国を信頼して生存を委ねるなどという馬鹿な国はない。国民を生かすも殺すも他国に委ねるというこの部分だけを読んでも、「これは憲法ではありません」と言っているに等しい。

しかも我々の周囲の国を見よ。ソ連は戦争が終わってからも何十万人もの日本人を拉《ら》致《ち》し、何万人も餓死・凍死させた国だ。北朝鮮は世襲の独裁国、韓国は日韓基本条約も守れない国、中国は自国民を数千万人も虐殺し、しかもチベットやウイグルを侵略して残虐行為を続けている国だ。

アメリカだってポツダム宣言を無視して、日本が無条件降伏したことにした国だ。そういう国々に、日本人が自分の安全と生命を信頼して預けようというのか。そんな憲法があるわけはない。

（注１）**ビシー政権**　一九四〇年（昭和十五）、ナチス・ドイツの攻撃を受けて敗北したフランスが、前内閣の副首相、ペタン元帥《げんすい》を首班として中部の都市ビシーにおいた政権。ドイツの支配力が強く、かつ親ドイツ的だったためレジスタンス勢力との内戦を招き、四四年、連合国によるフランス解放とともに政府は消滅。関係者は処罰された。

第九条は宗教として考えよ

日本国憲法のなかでも、とりわけ第九条は神聖視されている。日本が終戦以来、六十年以上にわたって平和であったのは第九条のおかげだと言う人たちがいるが、まったく馬鹿げた話だ。真相は、日米同盟があるからソ連が手を出さなかっただけなのである。

大平正芳《おおひらまさよし》内閣の時期に、ある防衛問題の委員をしていた関係で私はいろんな報告を聞いたが、当時のソ連極東軍に対するソ連政府の力の入れ方は大変なものだった。上陸作戦は「ポート・トゥ・ポート」、日本の港から港へ好きに船をつけて上陸できるくらいの力をソ連は持っていた。

そういう冷戦状況下で日本が生き残ってこられたのは、アメリカとの同盟があり、アメリカの基地が日本にあったからだ。

こんなわかりきったことに目をつぶって、第九条があったから平和なのだと言う人は正気なのかと問いたい。本気で第九条が日本の平和を守ってきたと思っているのなら、子供以下だと言えるだろう。もし、アメリカ軍がいたからだと思いながらも第九条を讃《たた》えているのであれば、これは悪質である。

共産党や社民党が第九条を神聖視するのには理由がある。

そもそも当初、共産党は第九条に反対していたのだが、それが以下のような理由で神聖視することになった。

冷戦構造が明確になり、日本でも占領軍の要請により警察予備隊ができると、日本は明らかに西側につくことになった。日本がアメリカ側について武力を増強すると、戦前の二大軍事国家が連合することになる。

アメリカと日本を戦前の二大軍事国家というのは嘘ではなくて、航空母艦主体の機動部隊を作る力があったのはこの二国だけだった。ソ連の海軍はなきに等しかったし、ヒトラーも航空母艦を持っていなかった。イギリスは持っていたけれども機動部隊を作るほどではなかった。アメリカと日本の軍事力が突出していたのだ。

その日本が第九条の縛《しば》りもなく、アメリカと同盟を組んで行動するとなると、ソ連など敵ではない。だから、スターリンが第九条を守れという指令を出した。

外務省の人から聞いたのだが、サンフランシスコ講和条約締結の頃からすでにスターリンの命令は届いていた。日本がサンフランシスコ講和条約を結べば、西側につくことは明白だった。だから日本の左翼的知識人は血眼《ちまなこ》になって反対し、全面講和を主張した。

日本が四十数カ国と講和条約を結ぶのに反対したのは、ソ連とその衛星国、二〜三カ国でしかなかった。そのたかだか二〜三カ国を除いて講和条約を結ぶことを、南原繁《なんばらしげる》東大総長をはじめとする知識人たちは単独講和だと言って反対したのである。

吉田茂首相は全ての党をあげて講和条約にサインをしたかったが、共産党、社会党は最後まで反対した。それほどスターリンの命令は重かったのだ。

単独講和反対、全面講和を主張した「平和問題懇談会」の事務局は岩波書店にあった。そこに進歩的文化人たちが嬉々《きき》として集まったのは当然だった。その後の言論界が左翼で占められたのは、前述のように公職追放令で空いたポストに追放されていた者たちが戻ってきたからだ。

スターリンの命令から始まった嘘に左翼は酔える。オウム真理教に酔えた人もいるくらいだから酔えるのだろう。つまりは、馬鹿げたことではあるが第九条は宗教の域に達しているのだ。

『憲法九条を世界遺産に』（集英社新書）を書いた宗教学者、中沢新一氏もオウム真理教を弁護した一人である。オウム真理教に酔ったように第九条に酔えるのだろう。

十七世紀の後半にジョージ・フォックスという人がいた。学はなかったが、マコーレーの言葉を借りれば「自由にしておくには頭が狂いすぎ、精神病院に入れるには少し正気があった」というような人だった。

彼は寓話的《ぐうわてき》に書かれている聖書の言葉を文字どおりに解釈してみたり、誰が見ても事実が書いてあることを寓話として読んだりという滅茶苦茶な聖書の解釈をした。「絶対に帽子はとらない」「絶対にお辞儀はしない」「絶対に戦争はしない」という主張もあった。さらに、他宗派の教会で怒鳴って礼拝を邪魔するなどの奇行に走ったりしていた。

しかし、そういうことを続けていると、それについてくる人が現れる。そしていつの間にか、「絶対に戦争はしない」という部分だけが残った。これがのちにクエーカー（フレンド派）になるのである。

クエーカー自体は、いまでは立派な宗教団体だと思うが、彼らがどこで繁栄したかといえば、世界一の海軍を持つイギリスだった。そしてのちにアメリカに渡った。

宗教とはそうしたもので、オウム真理教の教祖・麻原彰晃《あさはらしょうこう》の空中浮遊など、正気では信じられないことも信じてしまうものなのである。第九条も同じだ。両手を挙げて攻めてきてくださいというのだから、正気の人には理解できない代物《しろもの》である。しかし、宗教にはなる。

だから第九条は憲法論として考えるのではなく、宗教論として考えるのが適当だ。法律論として考えると馬鹿馬鹿しいが、宗教上の信念として「上着を取られたら下着も差し出します」とか、「右の頬を殴られたら左の頬も差し出します」というのはいいだろう。しかし国を預かる人が、「対馬《つしま》を取られたら島根県も差し出します」では困る。

憲法学者は敗戦利得で腐っている

東大の法学部の教授は、いままで私が言ってきたようなことを言い続けるべきだった。しかし、そんなことを言ったら公職追放令に引っかかってしまう。

そこで、宮澤俊義東大法学部教授が「八月革命説」を唱えた。八月革命説とは、昭和二十年（一九四五）八月のポツダム宣言受諾によって、主権の所在が天皇から国民に移行し、日本国憲法は主権者となった国民が制定した、と考える学説で、主権の所在の移行を法的な意味での革命と解釈したのだ。

すべての諸悪の根源は、この宮澤教授とその門下生である。なかでも、病的な平和論者に芦部信喜《あしべのぶよし》東京大学名誉教授、樋口陽一東京大学名誉教授がいる。

そして恐ろしいのは、嘘に基づいた憲法が司法試験や公務員試験の試験官の考え方になっていることだ。これが日本に一番、害をなした。つまり、嘘が権力になったのである。

憲法学者の多くがインチキだという証拠を、私は実際に体験している。

田中角栄《たなかかくえい》元総理が被告となったかつてのロッキード事件の裁判において、コーチャン

（ロッキード社副会長）、クラッター（元東京駐在事務所代表）に対する嘱託尋問《しょくたくじんもん》があった。当時、雑誌『諸君！』の編集長だった堤堯《つつみぎょう》氏に、私は「あれは反対尋問をさせてもらったのですか？」と質問した。

そこで『諸君！』編集部が田中事務所に「反対尋問の請求はしたのか」と問い合わせたところ、田中事務所の返答は「反対尋問の請求をしたが裁判所に却下された」というものだった。

憲法三十七条には、「刑事被告人は、すべての証人に対して審問する機会を充分に与へられ」（傍点渡部）と明解に書いてある。つまり、反対尋問をする権利がある。それを裁判所は蹴ったのである。反対尋問にさらされない調書というのは価値がない。不十分ではあったが、あの東京裁判でさえ反対尋問はやっているのだ。

私は『諸君！』に「反対尋問を却下するとはおかしいではないか」ということを書いたが、堤氏は「いろんな検事と話をしたけれども、この指摘が一番痛いと言っていた」と話してくれた。

しかし一審でも二審でも、反対尋問をやらないことに対して「おかしいのではないか」という意見は採用されなかった。田中角栄氏が亡くなったあとに最高裁で下った判決のなかで、やっと「この裁判は不適当な手続きによって進められた」という主旨のことが述べられた。デュー・プロセス（適正手続）によらなかったということをようやく最高裁が認めたのだ。つまり、「まともな裁判ではなかった」と最高裁が認めたのである。

私はこの件について『朝日ジャーナル』で立花隆《たちばなたかし》（注1）氏と論争したが、検事側のマウスピース（代弁者）の役をしていた立花隆氏はこの点については決して答えようとせず、ごまかして逃げてしまった。

その後、慶応大学の憲法学の教授で小林節《こばやしせつ》氏という方にお会いした時、小林さんが私を尊敬しているというようなことを言ってくれた。憲法学の先生に尊敬されるような覚えはないが、と思っていたら、こういうことをおっしゃった。

小林さんが慶応大学の助手の頃、憲法学会があった。学会のあとで偉い先生方の集まる二次会があり、助手であった小林先生は末席で話を聞いていた。すると偉い先生方が、「田中角栄裁判については渡部昇一という人が言っているのが正しいだろう。しかし、相手が田中角栄なんだからみんな黙っていよう」と言った。それを聞きながら助手である自分は非常に憤慨《ふんがい》した、と。

敗戦後の日本の憲法学者というのは、この程度なのだ。百地章《ももちあきら》氏や西修《にしおさむ》氏などのような真っ当な憲法学者は、東大法学部から連なる利得で骨の髄まで腐ったグループには属していない。偉いと言われる東大法学部などの憲法学者ほど、敗戦利得者の利得の分け前を得た人たちなのだから信用できないということを忘れてはならないのである。

（注１）**立花隆**（一九四〇〜）　ジャーナリスト・ノンフィクション作家・評論家。昭和四十九年（一九七四）、雑誌『文藝春秋』に掲載した「田中角栄研究〜その金脈と人脈」が大きな反響を呼び、田中首相退陣のきっかけとなった。

明治憲法と新憲法

成文憲法を最初に作った国はアメリカである。ヨーロッパからやってきた人たちが自由を求めて作ったものだが、いざ作ってみたら「言論の自由」や「宗教の自由」を書き忘れていた。そんな欠陥だらけの憲法だから常に改正を続けている。

戦後のドイツ憲法も同じで、常に変化している。つまり完璧なものなどないということだし、変わらなければ憲法は生きていないのと同じなのである。

憲法「constitution」は、直訳すれば「体質」という意味だ。つまり、憲法は国の体質であって、昔、「国体」と訳していたのが正しい。国の体質が変われば、憲法は時代に合わせて変化してもいいのだ。

イギリスにはちゃんと書かれた憲法、「written constitution」というものはない。立憲君主国でありながら、理想的なのは憲法を作らないという選択だったのだ。しかし、「constitutional」(憲法的・国体的)と言われる法律はある。

イギリスでは重要法案が通ったりすると、「あの法律は constitutional だ」と言う。体質にかかわるほどの法律であるという意味だ。そして新しい法律ができ、それが古いものと矛盾すると古いものが自然と無効になる。それほどシステムは簡単だ。

戦前の英和大辞典を引くと、「constitution」の項目には「written constitution」と「unwritten constitution」と書かれている。つまり、「書いた憲法＝成文憲法」と「書かない憲法＝非成文憲法」である。イギリスは書かない憲法を選択した。アメリカは独立したことを世界に示さなければならないために憲法を書いた、つまり成文化した。革命を起こしたフランスも同様に文字にした。すると、書くとわかりやすくて都合がよいということで立憲運動が起こり、それが日本にも入ってきたのである。

日本も明治憲法を作った時は、憲法が国の体質にかかわることであると十分に認識していた。のちに初代首相となる伊藤博文《いとうひろぶみ》が憲法調査に向かったが、自分が若い頃に訪ねたイギリスには憲法がない。幕府が頼ったフランスは共和国なので参考にならない。アメリカも共和国だからこれもだめだ。

そこで伊藤博文はウィーンへ向かう。ウィーンはハプスブルグ家の時代だったので、伝統的な君主を戴《いただ》いた憲法があった。伊藤はウィーン大学のシュタイン教授に憲法を学び、胸の晴れる思いをして喜びの手紙を書いている。

その後、伊藤博文はベルリンに行き、ドイツ帝国を建設した鉄血宰相《てっけつさいしょう》ビスマルクに会った。ビスマルクは伊藤の話を聞いて、日本にはドイツ帝国憲法は参考にならないだろうと言う。ドイツ帝国はいくつもの王国を抱えた国だから、日本とは事情が異なるのだ。そして、代々天皇がいる国であるならば、代々王様がいるプロイセン（注1）憲法が参考になるだろうとアドバイスした。

そして伊藤博文は、ベルリン大学教授のグナイストという大学者からプロイセン憲法を逐条《ちくじょう》講義してもらうことになった。グナイストという人は面白い人で、ローマ法を学び、ドイツの官僚機構にもタッチしたが、世界で初めてイギリス憲政史を書いた人でもある。まだイギリスにもそういう通史がなかった時代だった。

これが、伊藤博文が明治憲法を作る元になったのだが、グナイストの名は伏せられていた。ところが、昭和九年（一九三四）に伊藤博文の秘書だった伊東巳代治《いとうみよじ》が亡くなったあとに書斎を整理したら、伊藤博文が受けたグナイストの講義録が出てきた。これは出版されたものの、すでにシナ事変が始まっていたため出版禁止になったという経緯がある。その一冊を私は持っているので、明治憲法の「天皇は陸海軍を統帥《とうすい》す」というようなものの基礎になったのはプロイセン憲法だということを述べたが、戦後これについて触れたのは私が初めてだ、と小堀桂一郎《こぼりけいいちろう》氏が言ってくださった。

伊藤博文が明治憲法を作る時に一番苦労したのは、日本の国の体質、つまり国体(constitution) と世界の常識を合わせることだった。だが、皇室に関してはどうしても世界の常識に合わせることができなかったので憲法には入れず、皇室典範《こうしつてんぱん》を作った。これは皇室の家法であるとし、憲法とは関係ないとしたのである。まさに綱渡りのような見事さで伊藤は道を開いた。

だから日本国憲法を作る時、東大の宮澤俊義教授でさえも、最初は明治憲法の改正でいいと言っていたのである。しかし、マッカーサーがそれにしびれをきらした。

このあたりのやりとりについては、『白洲次郎　占領を背負った男』（北康利著、講談社刊）に詳しく読みやすい形で書かれている。

そしてそのあとはここまで述べてきたように、敗戦利得者の憲法学者によって、占領政策基本法がいまでも大手を振って歩く国になってしまっているのである。

ちなみに指摘しておけば、天皇の地位については、明治の帝国憲法でも占領下の新憲法でも変わっていない。ポツダム宣言を受諾する時、鈴木貫太郎《すずきかんたろう》内閣は「天皇の国法上の地位を変更する要求を含まざるもので諒解《りようかい》する」ということを述べていたが、これは実現した。というのは、帝国憲法においても法律を作るのは天皇でなく議会であった。議会が作った法律の発布に天皇の名前と玉璽《ぎよくじ》が使われたのである。

これは現在でも同じで、法律は議会が作り、その議会の開会や法律の発布には天皇の権威が関与する。天皇を日本国民の、つまり日本統合の「象徴」と考えることは明治時代から普通であり、新渡戸稲造《にとべいなぞう》の『武士道』にも用いられている表現である。天皇に対する国民の反乱など、フランス革命みたいなものは日本ではなかったのであり、「天皇vs国民」の対立ではなく、常に「政府（幕府）vs国民」であった。この点について、竹田《たけだ》恒泰《つねやす》氏が明快に論じておられる。竹田氏は皇族の血筋の方であり、皇族関係者が天皇に関することを論述されるにはタブー的な縛りもあったと思うが、敢《あ》えて真実を述べられたことを多としたい。

天皇・皇室に関することで占領軍が根本的に変更したのは「憲法」においてではなく、「皇室典範」に関してであった。「皇室典範」は前に述べたように、「皇室の家法」であって憲法とは関係ないと明言したのは、「皇室典範」を成文化した責任者の伊藤博文であった。ところが、占領軍は「皇室典範」を「憲法」の下位法規にしてしまったのである。

（注1）**プロイセン**　ドイツ北東部を占め、一七〇一年、ブランデンブルク選帝侯フリードリヒ三世（プロイセン国王フリードリヒ一世）を王としてプロイセン王国が成立。ドイツで最も強大な王国に成長し、普仏《ふふつ》戦争の結果、ドイツ帝国を成立させてその中核となった。第一次世界大戦後にはドイツ共和国の一州となり、第二次世界大戦後は「ドイツ軍国主義と反動の先鋒《せんぽう》」として州としても解体された。英語名はプロシア。

第6章

昭和天皇の悲劇

日本はコミンテルンの魔の手に踊らされた

前章で述べたように、戦後、昭和天皇は連合軍総司令官に「subject to」、つまり隷属《れいぞく》させられていた。だから終戦翌年（昭和二十一年〈一九四六〉）一月一日のいわゆる「人間宣言」と称せられている詔書《しょうしょ》など、当時の天皇陛下のお言葉は、すべて被脅迫状況のなかで発せられたものであり、そのまま額面どおり信用すべきものではない。マッカーサー元帥《げんすい》はこの詔書に満足の意を表したと報道されている。マッカーサーを満足させるための詔書であることは明らかであった。

もっとも、この詔書をよく読むと「単ナル神話ト伝説ニ依《ヨ》リテ生ゼルモノニ非《アラ》ズ」とあるから、神話と伝説を否定したわけでもなく、「それだけが根拠でない」と言っているとも解釈できる。天皇が現御神《あきつみかみ》（西洋のデウスとかゴッドではない）であることを否定しているわけでもない。ただマッカーサーに渡った英訳文（これを私は見たことがない）では、マッカーサーを満足させるようになっていたのであろう。

いずれにせよ、天皇陛下は西洋で言うところの「ゴッド」ではないが、依然として日本の神道《しんとう》の中心であられることは紛《まぎ》れもない事実である。

昭和天皇を中心に昭和史を見るというのは、一つのオーソドックスな見方だと思う。ここではその見方について伝えよう。

昭和天皇が不幸であられたのは、ご成長なされるのと前後してロシア革命が起こったことである。ロシア革命は昭和天皇だけに関係があったことではないが、ロシア革命が起こったあと、スターリン政府が日本に向けて「皇室をなくせ」という指令を出した。これがコミンテルンによる、いわゆる「二二年テーゼ」「二七年テーゼ」「三二年テーゼ」などというものである。

コミンテルンが創設されたのはロシア革命から二年後の大正八年（一九一九）で、日本共産党は大正十一年（一九二二）に「コミンテルン日本支部」として発足した。その「コミンテルン日本支部」である日本共産党に出された「二二年テーゼ」（大正十一年）を例に挙げると、以下のような項目になる。

「天皇制の廃止。

貴族院の廃止。

現在の軍隊、警察、憲兵、秘密警察の廃止。

労働者の武装。

朝鮮、中国、台湾、樺太《からふと》からの軍隊の撤退。

天皇および大地主の土地の没収とその国有化。」

こんなことが貧弱な一組織である共産党にできるわけがないにもかかわらず、コミンテルンはこのような指示を出した。

ちなみに、日本でもよく使われる「天皇制」という呼称はコミンテルンが作ったもので、日本人は「皇室」と呼ぶべきである。この辺りのことは、谷沢永一《たにざわえいいち》氏の『「天皇制」という呼称を使うべきでない理由』（ＰＨＰ研究所）に詳しく書かれている。

コミンテルンの「天皇制の廃止」命令を受けて、日本は治安維持法を作らなければならなくなった。スターリンの指令はこういういろいろな悲劇を生んでいる。

ロシア革命というものがなく、コミンテルンが暗躍しなければ、二十世紀は平穏《へいおん》な時代であったのではないだろうか。

まず、ロシア革命がなければヒトラーは生まれなかった。ヒトラーはロシア革命、つまり共産党に対するドイツでの反対運動のなかから出てきた人物である。しかし、ナチスというのはドイツ国家社会主義的労働者党（die Nationalsozialistische Deutsche Arbeiterpartei）だから、ヒトラーも社会主義者にほかならない。したがって、ヒトラーとスターリンの戦争は左翼同士の喧嘩ということになる。

また、イタリアでも共産党とムッソリーニ首相が対立した。ムッソリーニはもちろん左翼である。

これを大学紛争に譬《たと》えると、共産党の代々木派と反代々木系の中核や革マルの争いだと言える。大学紛争の頃、左翼同士がお互いをファシストと罵《ののし》り合っていた。つまり、スターリンは民青、ヒトラーはドイツの中核派、ムッソリーニはイタリアの革マル派だと言ってもいい。

コミンテルンの魔の手はアメリカにも伸びて民主党の中心部に食い入り、これがアメリカを日本との戦争に駆り立てていく。

東條英機《とうじょうひでき》首相はアメリカとの交渉にあたって、昭和天皇のご意思に忠実に全力を尽くして和平への道を探っていた。アメリカが一歩も譲らないのを受けて、最終的に日本はこれで話がつくであろうという乙案を出した。これがハル・ノートという事実上、アメリカの最後通告によって突如ひっくり返り、日本は開戦へと踏み切らざるを得ない状況に追い込まれてしまった。

このハル・ノートはハル国務長官が書いたものではなく、実際はハリー・ホワイトという財務省の役人が書いたものだが、彼はソ連のエージェントだった。スターリンから、アメリカと日本を戦争させろという命令が下っていたのである。

もちろん、満洲およびシナでも共産党がなければ、あのような反日運動は起こらなかっただろう。ソ連のコミンテルンの魔の手に日本は踊らされたのだ。

昭和天皇の御代《みよ》の大部分がソ連共産主義と同時代であったということは、悲劇だった。多少の救いと言えば、昭和天皇がソ連の解体に連なるペレストロイカ（ソ連建て直し政策）をご覧になってからお亡くなりになったことである。

大きな悲劇だった「田中上奏文」

なかでも、昭和天皇の大きな悲劇は「田中上奏文《たなかじようそうぶん》」という偽書《ぎしよ》が出回ったことと張作霖《ちようさくりん》爆死事件だった。

第一章と第二章でも触れたが、「田中上奏文」とは、政友会の会長で陸軍大将だった田中義一《ぎいち》首相が、昭和二年（一九二七）に天皇陛下に提出したとされる国策プランである。そこには、日本は満洲を制圧し、北シナを制圧し、全世界を征服するという世界制覇《せいは》のプランが書いてあり、その文書が世界中に出回った。

その「田中上奏文」の原文を日本で見た人はいない。しかもそのなかには、山縣有朋《やまがたありとも》が会議に出席したと書かれている。田中義一首相の時はすでに山縣は亡くなっているから、そんなことが書かれうるはずがない。しかも、田中義一首相は山縣有朋の一の子分だから、親分が死んだことを知らないはずがないのだ。

いまではこの「田中上奏文」は、コミンテルンが世界中にばら撒《ま》いた偽書であるということがはっきりしている。

当時、日本では誰もこの偽書を見た人がいないため、日本は本気で反論しなかったのだが、世界中がこれを信じてしまった。ルーズベルトはこの偽書によって、日本を本気で潰《つぶ》しにかかろうと考えたとも言われている。

そして「田中上奏文」は、東京裁判において日本を「共同謀議」で裁くための下敷きにまでなっているのだ。

張作霖爆死事件は、日本が行なったこととされた。ところが、張作霖がなぜ暗殺されたかについては、のちの満洲事変の調査を行なった国際連盟のリットン報告書にさえも「神秘的な事件」と書いてある。つまり、わけがわからないということで、日本が暗殺したとは言っていない。国際連盟は決して親日的ではなかったのに、日本が侵略したとは簡単に言えないと結論しているのである。にもかかわらず、張作霖を暗殺したのは日本だということが世界中に広まってしまった。

最近出版された『マオ』（ユン・チアン著、講談社刊）には、コミンテルンの手先が暗殺したと書かれている。たしかにあの頃、張作霖と共産主義との間には大変な軋轢《あつれき》があった。張作霖は共産党本部を家捜《やさが》しし、鉄道問題でソ連と揉《も》めていた。しかし、日本とはまだそんなに利害が乖離《かいり》していない。だから、コミンテルンが暗殺したというほうが可能性は高いように思う。しかし、コミンテルンは世界中に宣伝マンを派遣しているから、日本が張作霖を暗殺したと言いふらす。日本の外務省などの手には負えない。当時は日本が暗殺したということになった。

天皇陛下は平和を願っておられたから、田中義一首相にどういうことかとお尋ねになった。ところが、田中義一首相のところには報告があがってきていない。日本が暗殺したのでないとすれば、報告がないのは当たり前である。

リットン報告書でさえ「神秘的な事件」と言っているくらいだから、田中義一首相も事の真相がわからなかったのだろう。陰謀史観と軽く見られるが、私はコミンテルンが暗殺した可能性が高く、それで日本の対応や天皇陛下への報告が遅れたのだろうと考える。

東京裁判でも、パル判事は張作霖爆死事件に関するすべての証言や証拠を検討した結果、すべて伝聞に基づくものであり、つまり神秘的事件であったと断定している。この犯人と言われた河本大作《こうもとだいさく》大佐は、東京裁判の頃はまだ中国に捕らわれていたのだから法廷で証言させることもできたであろうにそうしなかったのは、判事を出しているソ連に不利になるからだったろうと推定するのが自然であろう。

田中義一首相は国際的信用を回復するために関係者の処罰を主張したが、証拠がないものは処罰することもできない。

そのような事情でぐずぐずしているうちに天皇陛下はしびれをきらし、田中義一首相に「田中総理の言うことはちっとも分からぬ。再び彼から聞くことは自分はいやだ」と言われたらしい。それがもとで、忠義一徹の田中義一首相は「天皇の信頼を失った」と内閣総辞職してしまった。そして三カ月も経たないうちに亡くなった。

「たとえ反対でも裁可する」

天皇陛下のお叱りを受けて首相が辞職し、さらに亡くなったというのは大変なことだ。

そこで牧野伸顕《まきののぶあき》や西園寺公望《さいおんじきんもち》などのいい意味でリベラルな元老《げんろう》級の人たちが、若き天皇陛下に「立憲君主制ですからそういう発言はなさらないほうがよろしい」と諫《いさ》めたらしい。それ以後、天皇陛下は政府の方針に不満があっても一切、口を挟まなくなった。

昭和天皇ご自身がこう回顧されている。

「こんな云ひ方をしたのは、私の若気《わかげ》の至りであると今は考へてゐるが、とにかくそういふ云ひ方をした。それで田中は辞表を提出し、田中内閣は総辞職した。（中略）この事件あつて以来、私は内閣の奏上する所のものは仮令《たとえ》自分が反対の意見を持つてゐても裁可を与へる事に決心した」（『昭和天皇独白録』文春文庫刊）

その結果、憲法上、日本の一番弱いところを露呈することになる。

明治憲法を作る時に、伊藤博文《いとうひろぶみ》たちは首相を作らなかった。首相になった人間が徳川幕府のようなものを作るのではないか、という心配が明治政府にあったからだ。

この感覚は後世の人にはわからないだろう。徳川幕府がいかに強大であったか。その幕府をどれだけの苦労をして倒したか。それを知っている人たちが、首相という権力を作ることを避けたのである。

実際は内閣がなければ国が動かないので、明治十八年（一八八五）に内閣職権というものができた。明治憲法が発布されたのは明治二十二年（一八八九）だから、その四年前のことだ。その内閣職権には首相の職務権限が記述されているが、明治憲法にはそれがない。

天皇が統治権を総攬《そうらん》し、「国務各大臣ハ天皇ヲ輔弼《ほひつ》シ其ノ責ニ任ス」と定められ、行政は各大臣の補弼により天皇自らが行なうとされていた。

そのような天皇陛下しか命令する人がいない法体制のなかで、なぜ日清・日露戦争で一糸乱れず戦い、勝利することができたかというと、元勲《げんくん》たちが健在で、元勲たちが推した人が首相になったからだ。元勲と明治天皇は一体だと思われていたから、天皇陛下と首相とのタッグが組めてすべてがうまくいったのである。

ところが元勲たちが他界してしまうと、本当の中心は天皇陛下であるにもかかわらず、立憲君主制の原則に従って天皇陛下は発言せずに、政府だけで物事を進めるようになった。そうして、五・一五事件（昭和七年〈一九三二〉）のようなものが起こる土壌を作ってしまったのだ。

五・一五事件で犬養毅《いぬかいつよし》首相を殺した青年将校は死刑にもならずに懲役十五年で済み、しかも皇太子殿下（今上《きんじょう》天皇）がお生まれになったので恩赦《おんしゃ》になった。天皇陛下はいろいろおっしゃりたいことがあったと思うが、口を出されなかった。

そのような状態の天皇陛下が口を出されたのは二・二六事件（昭和十一年〈一九三六〉）の時だった。

当初、岡田啓介《おかだけいすけ》首相が殺害されたと伝えられたのを受けて、天皇陛下は青年将校たちを「反乱軍」だとおっしゃった。当時、陸軍大将などの偉い人たちは腰抜けで、即座に反乱軍だと決めつけることができなかった。下剋上《げこくじょう》の風潮がすでに蔓延《まんえん》していたからだ。

しかし天皇陛下にしてみれば、明らかに反乱軍だった。なぜならば、軍隊が訓練以外で実弾を発砲できるのは平時編制から戦時編制に切り替えた時だけであり、その命令を出すのは天皇陛下だけだからだ。

命令も出していないのに、実弾が発砲された。だから即座に反乱軍だと判断され、取り締まらないのなら御自分が近衛兵《このえへい》を連れて出ていくとまでおっしゃったのである。

天皇に背《そむ》いて軍国主義へ

しかし二・二六事件のあと、この天皇陛下のお怒りを十分に反映するような内閣ができなかった。岡田内閣の後継首班として西園寺公望が推挙したのは近衛文麿《このえふみまろ》だったが、近衛は病気だとして逃げ、組閣の大命を受けた宇垣一成《うがきかずしげ》大将は、自分の古巣の陸軍の反対のため組閣できずに、結局、廣田弘毅《ひろたこうき》に組閣の大命が下ることになった。

二・二六事件後、陸軍は粛軍《しゆくぐん》と称して最年少の三人を残し、七人の陸軍大将を現役から外していたが、その残った三人のうちの一人、寺内寿一《てらうちひさいち》大将が陸相就任を求められた。ところがその寺内大将は、吉田茂など他の閣僚予定者を聞くと著《いちじる》しく不満であるとし、「入閣を辞退したい」とゴネてしまった。

自分の気に入らない人物を入閣させる内閣では協力できないというのだ。陸軍が代わりの大臣を出さないかぎり、組閣は不可能になる。

このような状況のなかで、廣田首相は陸・海軍大臣の現役武官制を復活させてしまった。二・二六事件のあと、三月九日に首相になった廣田は、その年の五月十八日にはやばやと陸海軍大臣・次官は現役にするということを決めたのである。すると軍が大臣を出さないと言ったら、組閣できなくなるのである。つまり、内閣を作るも潰すも軍の意向次第ということになった。

「軍部大臣現役武官制の廃止」は山本権兵衛《やまもとごんのひようえ》内閣の時、木越安綱《きごしやすつな》陸相が自分の前途を棒にふる大変な努力をして成し遂げたものだった。それを二・二六事件のような騒ぎを恐れた廣田首相は、予備役《よびえき》・後備役《こうびえき》のなかから陸軍大臣を選ぶ道をなくし、現役から選ぶより仕方がなくなった。これは廣田首相最大の失策であり、日本の悲劇の本当の出発点と言えるだろう。

結局、寺内大将が気に入らないとした人たちは内閣を成立させるために入閣を辞退し、陸軍との妥協が成立して廣田内閣は発足した。しかし、その二カ月後には寺内陸相と永《なが》野修身《のおさみ》海相が結託《けったく》して「陸・海軍大臣および次官は現役軍人とすること」という「軍部大臣現役武官制」の復活を提案し、これが通って勅令《ちょくれい》も出されることになってしまったのである。

「軍部大臣現役武官制」復活の理由としては、現役ではない大将が大臣になると、二・二六事件の黒幕と言われた眞崎甚三郎《まさきじんざぶろう》大将のような人が内閣に入る恐れがあるということだったが、これはただの口実にすぎない。実際は、軍部の賛成を得ない組閣は一切、できないようにすることが真の狙いだった。こうして日本の政治は軍部に乗っ取られることになったのである。

宇垣大将の組閣に陸軍がゴネた時、天皇陛下が「組閣の大命を受けさせないとは何事か」とおっしゃっていればと悔やまれてならない。なぜなら、二・二六事件からのこの一連の天皇陛下のご意思に背《そむ》いた出来事が、立憲政治を葬り、日本を軍国主義へと押しやり、敗戦への道筋をつけたからだ。

なぜ開戦を止められなかったか

昭和天皇がもう一度、発言なさったのは終戦時だった。開戦時には発言されず、終える時に発言された。

これを左翼や外国人は、戦争を終わらせることができる人が、なぜ始める時に止めなかったのか、だから天皇には戦争責任があると言う。

天皇陛下が戦争を望まれなかったのは明らかだが、立憲君主制というものを叩き込まれていたため、内閣が決めたことは全部、了承されたのである。日米開戦前の九月六日の御前会議では、明治天皇の御製《ぎょせい》「四方《よも》の海　みなはらからと思ふ世に　など波風の立ちさわぐらむ」を三回詠《よ》まれたように、時に呟かれるようにご希望を表されたこともあったが、止めろと命令されるお立場ではなかった。

しかし終戦時は、徹底抗戦を主張するものと、ポツダム宣言を受諾したほうがよいと主張するものに割れていた。本当は首相が採決し、決定すればよかったことだが、鈴木《すずき》貫太郎《かんたろう》首相は「私たちには決められません。陛下がお決めください」と言った。このあたりが鈴木首相の賢明なところだ。

天皇陛下は、内閣が行政を投げ出してしまったので仕方なく、「外務大臣の意見に賛成である」、すなわちポツダム宣言受諾を支持するとおっしゃった。

だから、終戦を決定することができた人がなぜ開戦を止められなかったのかという議論は、日本のような立憲君主制の国では無意味なのである。内閣が機能している時は、天皇陛下は口出しできない。口を出したがために田中義一首相が死んでしまったので、いっそうそれができなくなっていた。

いまから振り返れば、天皇陛下に口を出して頂きたかったことがたくさんある。三国同盟にしても、「あれはよくない」とはっきり言っていただきたかったと思う。しかし天皇陛下のご意思は、雰囲気が伝わってくるようなものでしかなかった。無視しようと思えば、どんどん無視できるような状況だったのである。

軍人世界は下剋上の雰囲気に満ち、軍人勅諭の「政治に拘《かかわ》らず」は全く無視されていた。下剋上の軍人のなかには、コミンテルンと通ずる思想の者たちがいたという指摘もある。

天皇陛下が、立憲君主制というものについての教育を受けられすぎたことが悲劇の一つではなかっただろうか。

陰謀史観のほうが正しかった

満洲やシナでの日本軍の動きを見ると、天皇陛下のご意思がよくわかる。

満洲事変というのは、日本にとって大成功だった。日清戦争以来の大陸問題がすべて解決したのだ。満洲鉄道は日露戦争のあと、ロシアが持っていた権利を譲り受けたものだが、それにまつわる難しい問題が満洲事変で片付いた。

天皇陛下は国際的な揉《も》め事がお嫌いだから、満洲事変にはよいお気持ちを持っていらっしゃらなかっただろうが、満洲国が建国されたことについてはお喜びになったと思う。満洲民族の元来の正統な君主が自分の祖先の土地に戻って皇帝になり、首相も大臣もみな満洲人か清朝の忠臣だったから、お喜びになるのも当然だ。

リットン報告書にも「満洲は日本の侵略とは言えない」と書いてあるし、国際的にも満洲国の独立を二十数カ国が認めたのである。

だから、満洲国皇帝が来日した時の天皇陛下のご歓迎はご本心だったと思う。しかし、薄儀《ふぎ》というのはのちの東京裁判で偽証をしたことでもわかるように、おべっかをつかういい加減で卑怯《ひきょう》な男だった。日本の皇祖神《こうそしん》を国に帰って祀《まつ》りたいと執拗《しつよう》に言うので、三種の神器（注1）に模《も》したようなものを与えることになった。こちらから祀れと言ったのではない。

天皇陛下は争いごとがお嫌いだったから、日本の陸軍の首脳も、敵のゲリラが出たりしなければ大陸で戦争をする気はなかった。つまり、こちらから積極的に侵略するような態勢は整えていなかったのである。

昭和十二年（一九三七）七月七日の盧溝橋《ろこうきょう》事件（注2）にしても、こちらは鉄兜《てつかぶと》も被《かぶ》っていないのに発砲されて、どうもおかしいと思っているうちにドンパチが始まった。のちに停戦となるが、その後、通州《つうしゅう》事件（注3）で日本の民間人が二百人以上も殺される事態が発生してしまった。それでも北シナの状況は安定したのに、八月十三日になると第二次上海《シャンハイ》事変（注4）が起こり、本格的にシナ軍から攻撃が仕掛けられた。

日本の大陸での戦争ははじめ全部、受け身だった。これは東條英機首相も「宣誓口述書」のなかで言っていることである。

李宗仁《りそうじん》という国民党の副総裁にまでなった軍人が晩年にアメリカに渡って回顧録を書

いているが、そのなかで、「日本が三十個師団くらいの規模で攻めてくれれば、シナはすぐに降参しただろう」という主旨のことを言っている。

つまり、日本は仕掛けられて事件が起こるたびに一～二個師団くらいずつ足していったので泥沼の戦争になったということだ。天皇陛下は戦争を止めることを希望しておられた。だから、そもそも日本はシナ征服の計画など持っていなかった。シナに挑発されて仕方なく受けて立ったのである。

この挑発がなぜ行なわれたかということについては、戦後六十年を過ぎていろいろな文書が出てきたので、実はコミンテルンに動かされていたのだということがわかっている。

蔣介石も日本と戦いたくなかった。しかし、蔣介石によって九割方、息の根を止められた共産軍に、コミンテルンが蔣介石の軍隊の力を削《そ》ぐよう指令を出した。そこで考えたのが、蔣介石を日本と戦わせることだった。西安《せいあん》事件（注5）は、日本と蔣介石の悲劇の始まりだったのである。

このコミンテルンの暗躍について、当時の日本の軍人のなかには気づいている人もいたようだ。しかし、ソ連という閉ざされた政権が行なっていることだから、それを証明する手だてがない。したがって、このような考え方は陰謀史観だと非常に軽く見られてしまった。いまや、その陰謀史観のほうが正しかったということがわかっている。

（注1）**三種の神器**　歴代天皇が皇位正統性のしるしとして受け継ぐ三つの宝物。八咫《やたの》鏡《かがみ》・草薙剣《くさなぎのつるぎ》（天叢雲剣《あまのむらくものつるぎ》）・八尺瓊勾玉《やさかにのまがたま》。

（注2）**盧溝橋事件**　昭和十二年（一九三七）七月七日、北京郊外の盧溝橋で、演習中の日本軍に対する発砲事件が起き、これをきっかけに日本軍と国民革命軍第二十九軍が衝突。シナ事変の先駆けとなった。

（注3）**通州事件**　昭和十二年（一九三七）七月二十九日、通県《つうけん》（現在の北京市通州区北部）の中心都市・通州で、シナの冀東《きとう》防共自治政府保安隊が日本軍留守部隊と婦女子を含む日本人居留民を襲撃し、約二百三十名を虐殺した事件。

（注4）**第二次上海事変**　昭和十二年（一九三七）八月十三日、上海において国民政府軍が日本軍に対して突然攻撃を開始。翌十四日には日本艦艇を狙った空襲を行なったが、周辺のフランス租界や国際共同租界にも爆弾が落ち、民間人にも死傷者が出た。盧溝橋事件から始まった北支での散発的戦闘がこれ以降、シナ全土に拡大、日支事変に発展した。昭和七年

（一九三二）に起きた上海事変に対して、第二次上海事変と呼ばれる。

（注5）**西安事件**　一九三六年（昭和十一）十二月十二日、対共産軍攻撃を督促《とくそく》するため西安を訪れた蔣介石を、共産軍討伐副司令官の張学良《ちょうがくりょう》らが監禁し、共産軍との内戦停止、共闘による抗日戦などを要求した事件。共産党の周恩来《しゅうおんらい》の調停により、蔣は要求を原則的に認めて釈放された。これが第二次国共合作による抗日民族統一戦線結成のきっかけとなった。

いまも続く遠大なる陰謀

コミンテルンの特徴は、遠大なる計画を持っていたことにある。有史以来、各国に王朝があったが、その王朝を潰し、世界から政府をなくし、国家をなくすという壮大な計画を持った組織はそれまでなかった。

あまりにも壮大な計画だから、普通の国では、どうしていま、自分の国でこのようなことが起こっているのかがわからない。すべてが壮大な長期計画の下の陰謀なのである。中国共産党の毛沢東《もうたくとう》が大躍進政策に失敗して何千万人もの農民が餓死したような時でさえ、宇宙開発、原子力爆弾の開発、海洋進出という、アメリカが得意とするものすべてに追いつけという命令だけは出している。

田中角栄《たなかかくえい》内閣の頃の中国の一番の敵はソ連だった。だから中国は、日本と手を結びたかった。日本がアメリカと日米安保条約を結んでいるのも非難はせず、田中角栄首相を招いてアジアにおけるソ連の覇権《はけん》は認めないという条約を結ばせようとした。日本はそれに乗らなかったが、つまりは毛沢東はソ連が怖かったのである。

その後、ソ連が解体すると、次の敵は日本だということで江沢民《こうたくみん》がまた遠大なる計画を立てる。日本は日本の歴史を否定した占領政策に乗っているからそこを突いていこうというわけで、歴史問題を中心として日本を貶《おとし》める作戦を練った。

そして次に、世界的に日本を孤立せしめるという計画を立て、アメリカと日本が戦争をした時、中国はアメリカと一緒に戦ったと言い出した。太平洋での戦いのあと、朝鮮戦争でもベトナム戦争でも中国共産党軍はアメリカの敵になっているのだが、ソ連解体後はそんなことは忘れたかのように、中国は大東亜戦争を持ち出してくる。日本は蔣介石と戦っているわけだから、中国共産党軍などはあまり関係なかったにもかかわらずである。

アメリカ下院で決議案が可決された「従軍慰安婦」問題や、南京に関する映画製作の後ろで暗躍している世界抗日戦争史実維護連合会（以下、抗日連合会と略す）という組織は、ソ連解体の二年後ぐらいにできたものという。日本を攻撃するにはアメリカ経由が効果的だということで、アイリス・チャン（注１）に金を渡して『ザ・レイプ・オブ・南京』を書かせ、映画にまでした。彼女も抗日連合会のメンバーだったし、そのインチキ本をベストセラーにしたのも抗日連合会の力だった。

ソ連解体後にコミンテルン的な思想と組織が中国共産党に根付いたものを、中西輝政《なかにしてるまさ》氏は「チミンテルン」と言っているが、そのチミンテルンがそのような遠大な計画を立てている時に日本は何をしていたか。

自民党が分裂していろんな政党ができ、気がついたら社会党の土井たか子氏が衆議院議長になって、続いて同じく社会党の村山富市《むらやまとみいち》首相が誕生していた。チミンテルンが日本叩きのための情報センターをアメリカに作っている時である。

このような普通の国では考えの及ばない遠大なことをする組織だから、大東亜戦争ではどう対処したとしてもコミンテルンの陰謀に巻き込まれた可能性が高い。昭和天皇はこのコミンテルンと同時代にあられたことがお気の毒だった。

（注１）**アイリス・チャン**（一九六八〜二〇〇四）　中国系アメリカ人ジャーナリスト・作

家。九五年、「中国ミサイルの父」と呼ばれる科学者・銭学森《せんがくしん》について書いた『スレッド・オブ・ザ・シルクワーム』を発表。九七年、「南京大虐殺」をテーマにした『ザ・レイプ・オブ・南京』を刊行。〇三年に『ザ・チャイニーズ・イン・アメリカ』を発表したが、翌年、拳銃自殺。

五十年の反日教育の証拠

日本がポツダム宣言を受諾して占領軍がやってきた時、イギリスのある新聞が「日本はいま、すべてが混乱の状況にある。ただ一つ、安定しているのは天皇である」という主旨のことを書いた。

天皇陛下は戦後、日本中を回られた。これは凄いことだ。どこの国でも、敗戦国の皇帝は命が危ないので、殺されるか逃げ出すかどちらかである。しかし天皇陛下はＳＰもつけず、農村にも工場にも炭鉱にも、どこにでもいらっしゃった。

いまのようにどこにもホテルがある時代ではないから、県庁の会議室だとか汽車のなかなどに泊まられて日本中を巡幸《じゅんこう》された。

私はそれを実際に体験している。昭和二十二年（一九四七）だったか、夏休みに川に泳ぎに行ったら、向こう岸の土手の上に見たこともない自動車が三～四台現れた。最初は不思議に思ったが、「今日は天皇陛下がいらっしゃる」と新聞に書いてあったことを思い出した。

そこで土手をのろのろ走る車に追いつこうと、我々少年たちはさすがにランニング・シャツを被ったものの、下はふんどし姿で下流の橋まで走っていった。橋のたもとで車をお待ちし、天皇陛下に触ることもできたのだが、畏《おそ》れ多いので、私は陛下の車に触った。

そんなことをしても、天皇陛下ご一行からは何のお咎《とが》めもなかった。終戦直後はこのような状況だったのだ。

空爆され、原爆を落とされ、また戦地でもあれだけの人が亡くなったにもかかわらず、天皇陛下に対して恨みを持った人は誰一人としていなかったことがわかる。

当時の人は、偉い人たちが打つ手を間違ったかもしれないが、天皇陛下が戦争をなさりたかったわけではないということを皆、わかっていたのである。

しかし、天皇陛下が亡くなられた時の大喪《たいそう》の礼にどれだけの警備が必要だったか。何万人もの警官が並んで警備したにもかかわらず、途中で揉め事が起こったりした。

戦後、左翼が五十年間にわたる教育で、天皇陛下が悪かったと子供たちに刷り込んだため、亡くなられた時はソ連がゴルバチョフ体制になっているにもかかわらず、重警備なしではお葬式を執り行なえない事態になってしまった。

これは恐ろしいことである。半世紀にわたって、いかに左翼が反日教育を徹底したかがわかる。

敗戦を受けて、天皇陛下は退位すべきだったという議論がある。しかし私は、退位されなかったことがよかったと思う。

よく事情を知らない外国人に、大東亜戦争は日本の侵略戦争だ、日本が悪かったと言われた時に、でも天皇陛下は裁かれていないと言えるからだ。会話の時にいろいろ説明もできないので、簡単に一口で言えることがあると便利である。ドイツで「ナチスは裁かれなかった」と言えないであろう。天皇は日本の元首であったのに裁かれなかったと言えることは、実に尊いことだったのである。

私が西ドイツにいた頃、ドイツ人に「日本には天皇という人がいたがどうなったか」と訊かれた。ドイツ人にしてみれば、どこかに逃げたか殺されたと思っているわけだ。そこで私が「まだ戦争の時の方と同じ方が天皇ですよ」と言ったら、驚愕《きょうがく》していた。

天皇陛下がマッカーサーにお会いになる時、マッカーサーは命乞いに来たのではないかと思ったがそうではなかった、というのは有名な話だ。

天皇を中国に売った宮澤喜一

昭和天皇が訪中されたことについても触れておきたい。国民政府の蔣介石も、中国共産党の毛沢東も周恩来も鄧小平《とうしょうへい》も、日本には敵意を持っていたであろう。しかし、日本は強い国である、また、敗戦にもめげずに復興した国であるという敬意もまたあったと思う。

ところが現代の江沢民や温家宝《おんかほう》は、日本に対して非常に傲慢《ごうまん》だ。なぜ傲慢かというところが大事である。

天安門《てんあんもん》事件で中国は、世界中のマスコミが見ている前で一般市民を大量に殺害し、当然ながら国際的に孤立した。その時、中国は日本の天皇を招き、そこを外交の突破口にしようと考えた。そして、日本政府は天皇陛下に訪中していただくことを決めてしまったのである。

東アジアにおいては、周辺の国がシナを訪ねるということは朝貢《ちょうこう》だと見なされる。シナの都に日本の天皇が行けば、それは日本がシナの家来になったということになってしまうのだ。

天皇陛下の訪中で中国は感激して、今後、歴史問題には言及しないなどと言ったが、家来になった国との約束を守るはずがない。

この天皇訪中という国賊的行為を決めたのは、宮澤喜一《みやざわきいち》首相である。官房長官は加藤《かとう》紘一《こういち》氏だった。

聖徳太子以来、日本の天皇はシナの皇帝と対等の立場を崩したことはなかった。その積み上げてきた歴史を彼らは一切、葬り去ってしまったのだ。

諸外国の大統領が来日した時、代わりに各国を訪問するのは日本では首相である。それが対等の立場だ。そして、天皇陛下はその上にいらっしゃる。だから各国の大統領が来日した時、天皇陛下の晩餐会《ばんさんかい》に出席すると皆、緊張する。田中角栄内閣の時に訪日したフォード米大統領も、震えるほど緊張したと言われている。それくらい畏敬《いけい》の念を持っている。

しかし、宮澤喜一首相が中国をつけ上がらせてしまった。そもそも温家宝は中国のナンバー3だから、天皇陛下の晩餐会に呼ぶ必要などない。外務省のチャイナスクールが動いて画策したのだろう。

日本の歴史教科書の検閲権を北京とソウルに売り渡した宮澤首相は、天皇陛下まで中国に売り渡したのである。

今上天皇にはぜひ長生きしていただき、中国共産党政権の崩壊をご覧になられれば、朝貢する形にさせられてしまったことに対するお慰めになるのではないかと思う。

第7章

保守本流を支えた日米安保条約

「安保反対」デモの過ち

私は昭和三十三年（一九五八）暮れにドイツ留学から帰ってきたので、正式に教壇に立ったのは翌年の四月からだったが、その頃にはすでに日米安全保障条約改定に対する反対運動が始まっていた。

年が明けて昭和三十五年（一九六〇）、衆議院本会議において、議院内の「安保反対」派である社会党員などは、議事ができないように清瀬《きよせ》一郎《いちろう》衆議院議長を議長室から出さなかったりもした。清瀬議長が警官五百人を国会内に入れ、座り込んだ社会党の議員や秘書たちを引っ張り出して、五月十九日にやっと採決したのである。

安保に猛烈に反対した社会党・共産党などは、そもそも日本の独立回復のためのサンフランシスコ講和条約にも反対して調印に参加しなかったことを銘記《めいき》しよう。

当時のマスコミは「政府・与党の権力主義だ」と、まともに議会政治を貫いているほうを非難したが、議長を本会議場に入れないほうが暴力的であることは明らかである。

しかし、津波のようなデモは収まらない。

最後には安保阻止国民会議を中心にした三十万人の国会デモがあり、そのうち一万人弱の学生が国会に突入した（六月十五日）。その時、私は英語学科一年生のクラス担任もしていたから、「議会政治の国で議会の門を破れば銃殺されても仕方がない」というくらいのことを言って学生たちを諌《いさ》めた。

この頃、私は担任していた学生たちに向かって「少数党が自分たちの意見が通らないからといって、多数党の意見を聞かずに議会で座り込んだりしたら、これはもはや右翼のテロの論理だ。必ず右翼が出てくることになる」とも言った。そうしたら学生代表から、「右翼などと口にしてもらっては困る」という抗議があった。この予言はその後当たって、社会党の浅沼稲次郎《あさぬまいねじろう》委員長は十月、日比谷公会堂で演説中に右翼青年の山口二矢《やまぐちおとや》に刺殺された。

当時の私立大学には研究室というものがないところが多く、出講する教授は皆、大部屋でお茶を飲んでいたのだが、上智大学ではこのデモに憤慨している先生方がたくさんおられた。上智大学はカトリック系の大学なので自由な雰囲気があり、他の大学のように反安保に凝り固まっていなかったからだ。

ただ、温和な先生方が多いから自ら何か活動をされるわけでもない。そこで私は、若い先生方を集めて何かやらなくてはと考えた。だが、まだ若く、権威や組織力があるわけでもないから、デモ反対のデモはできず、結局、「岸信介《きしのぶすけ》首相を励ます会」を作って首相に励ましの手紙を送ったくらいだった。

しかし振り返ってみると、この安保闘争の時の経験は私にとって、いまにも及ぶ影響があったのではないかと思う。

結局、岸首相の主張のほうに理のあることを信じて応援したほうが正しかったことは、歴史が証明している。この時に結ばれた改定安保条約の下で、池田内閣や佐藤内閣、その後の内閣が安心して経済政策を遂行し、それが日本の繁栄をもたらして今日に至っている。「あの時、安保改定をしなかったらどうなっていたか」と問いたいくらいである。安保闘争の時の私の判断は正しかった。そしてその経験から、政治の専門家に臆することなく、自分の政治的判断、見方に自信を持つようになれた。

当時、「安保反対」と煽《あお》り立てた政治家、プロの政治学者は何を見ていたのか。政治の素人《しろうと》である私がわかることを、なぜわからなかったのか。

プロの政治学者がその程度なのであれば、私が政治に対して発言してもよいだろうと考え、その後は何か依頼があれば発言するようになったのである。安保改定のことがなければ、私が政治について語ることはなかっただろう。

元自民党幹事長の加藤紘一《かとうこういち》氏などは、いまだに「安保反対」のデモに参加したことを自慢しているそうだが、これはとても恥ずかしい。のちに親しくなった政治学者の故香《こう》山健一《やまけんいち》氏も評論家の西部邁《にしべすすむ》氏も当時は東大教養学部の学生で、「安保反対」だった。しかし現在は、当時の学生たちで「改定安保」の中身を読んで反対していた人間はほとんどいなかったとまで言っておられる。西部さんのような人たちでさえ、明々白々であった改定安保の重要性が当時はわからなかったのである。

西ドイツの戦後復興

日米安保条約改定の問題は、一にも二にも岸内閣の問題だと言える。したがって、まず岸信介氏の政策について述べておきたい。

外交評論家・田久保忠衛《たくぼただえ》氏の出版記念会でご挨拶《あいさつ》をする機会があったので、田久保さんのお仕事についてよく考えてみたことがある。そして、「この方の言論は常に保守本流だ」と思い至り、「保守本流とは何か」ということを改めて考えた。

それは「吉田茂、岸信介を繋ぐ線から出ているもの」である。特に日米安保条約の重要性を踏まえると、「岸信介」こそ保守本流の起点だと言えるだろう。

では、「岸信介」の政治的姿勢はどこから来ているか。それは、西ドイツの首相であったアデナウアーと繋がっていると私は思う。

岸信介氏が巣鴨《すがも》プリズン（注1）を出たのは昭和二十三年（一九四八）、公職追放が解けたのは昭和二十七年（一九五二）のことである。その翌年、岸氏は正式に政界復帰する前に欧米、特に西ドイツに行っている。

なぜ岸氏がドイツに行ったかについては、推測だが、当時のドイツは奇跡と言われる復興を遂げていたからではないだろうか。ドイツはナチスという重荷を背負い、国中が戦場になり、しかも東西に分断されてしまった。そのような状態からの急速な復興は世界中が驚愕《きようがく》したほどだった。

私は昭和三十年（一九五五）に西ドイツに留学し、岸氏とは多少のタイムラグがあるにせよ、西ドイツの戦後復興の凄《すご》さを肌で感じている。それまで私が入っていた上智大学の学生寮は、アメリカの払い下げのブリキでできた「かまぼこ兵舎」だった。廊下の壁もないのである。もちろんトイレは外。それに比べて、戦後できた西ドイツの学生寮はセントラル・ヒーティングが完備されていて、部屋には洗面用の水道まできている。

その頃、ドイツで世界中の自動車業界が集まる会議があり、私は通訳を頼まれた。そこに日本企業も参加していたのだが、トヨタなど日本の自動車会社の人たちはみんなしょんぼりしている。いろいろ話を聞いてみると、「ドイツのフォルクスワーゲンという車は型に入れるだけできちっとできあがる」と言う。「日本ではできないのですか」と訊くと、「できない」と答えた。鉄鋼の質が違うというのだ。自動車でもそれくらい技術力の差があり、マルクはどんどん強くなっていた。

このようなドイツの復興に関する情報を岸氏は入手し、またアデナウアーの政策を研究していたのだろう。だから西ドイツを見に出かけたのだと思う。

岸氏の回顧録によると、アデナウアー首相と会ったという記述はないが、戦時中に経済大臣でもあったシャハトとは会っている。

私は留学中に、アデナウアー首相が何度目かの組閣に際して演説している姿をテレビで見て、いまでもはっきり覚えているが、アデナウアー首相の政策は明快だった。「外交においてはアメリカとともに。共産主義には妥協しない。経済は自由主義」とはっきり言っていた。そして憲法については、「まだ東西ドイツが分断されたままなので本物の憲法は作れない」という立場で、基本法はあっても憲法とは呼んでいなかった。

その時の経済大臣は、のちに首相になるエアハルトだった。彼は「エアハルトの奇跡」と呼ばれるドイツ復興の立役者で、ハイエクなどと同じく骨の髄《ずい》まで自由主義者である。アデナウアーの政策には、このエアハルトの影響も大きかったのではないか。

このアデナウアーの政策を学んで、岸信介氏は日本に帰ったのだろう。なぜなら、その後の岸氏の言動は、すべてこのアデナウアーの政策と同じ線上にあるからだ。だから日本で言う保守本流は、「吉田茂に芽を出し、岸信介で固まり、その根っこの部分はアデナウアーにある」という仮説を私は持っている。

（注1）**巣鴨プリズン**　かつて東京都豊島区巣鴨（現在の巣鴨とは異なる。現東池袋）にあった巣鴨拘置所の通称。大東亜戦争終了後はGHQに接収され、東京裁判（極東国際軍事裁判）の被告人が収容された。戦犯として東條英機《とうじょうひでき》をはじめとする七名の死刑がこの拘置所で執行された。

アメリカに泣きついた旧安保

日米安保条約に戻るが、日米安保には旧安保と新安保がある。岸信介首相の時に「安保闘争」と呼ばれるデモが起こったのは、昭和三十五年（一九六〇）一月に調印、六月に成立した改定安保条約、つまり新安保条約に対してである。では、新旧の安保条約はどこが違うのか。

旧安保条約は昭和二十六年（一九五一）のサンフランシスコ講和条約調印と同時に、吉田茂首相が署名したものだ。サンフランシスコ講和条約を結んで日本はやっと独立したわけだから、それまで日本はアメリカの占領下にあった。

前にも述べたように、朝鮮戦争が起こったためにアメリカは慌《あわ》てて日本を独立させることにした。朝鮮戦争が起こるまでのアメリカは、先の大戦で日本のような近代工業用の天然資源の何もない国が、あれだけの戦いをしたことに恐怖感を持っていた。だから、日本が二度と軍事力を蓄《たくわ》えられないように、重工業は許さない、先端的な自然科学および工業の研究開発は許さない、国家に対する忠誠心と愛国心を失わせる、日本の歴史を黒く塗り潰させる、という占領政策をとったのである。

さらに、最近問題になった沖縄の「集団自決」に関しても、アメリカが工作して「沖縄の人たちの敵は日本軍である」という考えを植えつけたことが明らかになってきている。少し考えればわかることだが、アメリカが追い詰めたから沖縄の人たちは誇り高く自決したのである。決して日本軍が自決させたわけではない。

このように、アメリカは日本を抑えつける占領政策をとってきたのだが、朝鮮戦争が近づくにつれて東西の対立が高まり、はたと気がつけば東アジアは共産主義だらけになっていた。東京裁判で日本の弁護団が、「大東亜戦争における日本の行動は共産主義の恐ろしさを考えなければ説明がつかない」としきりに主張したことが、そのまま現実になったと言える。日本の主張が正しかったわけである。

しかも昭和二十五年（一九五〇）には中ソ同盟（中ソ友好同盟相互援助条約）ができ、それには日本を含めてアメリカと敵対する主旨が盛り込まれた。アメリカは愕然《がくぜん》として、やっと目覚め、日本の独立を急がせることにしたのだ。

吉田茂首相は戦前は外交官だったから、日本の独立を考えるのは当然のことだ。しかし、日本はアメリカの占領下で事実上、軍隊がない。もしもアメリカが撤退すると言い出したら日本はどうなるのか、と吉田首相は考えた。軍隊もなく、愛国心もなくされた日本が独立を回復したところで丸裸状態だ。どうすればいいのか。

そこで、極端に言えば、アメリカに日本を防衛してくれと頼み込むような、泣きつくような形をとった。これが旧日米安保条約である。

旧日米安保条約（日本国とアメリカ合衆国との間の安全保障条約、一九五一年調印）の前文には、次のようなことが書かれている。

「日本国は、本日連合国との平和条約に署名した。日本国は、武装を解除されているので、平和条約の効力発生の時において固有の自衛権を行使する有効な手段をもたない。

無責任な軍国主義がまだ世界から駆逐《くちく》されていないので、前記の状態にある日本国には危険がある。よって、日本国は、平和条約が日本国とアメリカ合衆国の間に効力を生ずるのと同時に効力を生ずべきアメリカ合衆国との安全保障条約を希望する。（傍点渡部、中略）

アメリカ合衆国は、平和と安全のために、現在、若干《じやつかん》の自国軍隊を日本国内及びその附近に維持する意思がある。但し、アメリカ合衆国は、日本国が、攻撃的な脅威となり又は国際連合憲章の目的及び原則に従って平和と安全を増進すること以外に用いられうべき軍備をもつことを常に避けつつ、直接及び間接の侵略に対する自国の防衛のために漸増的《ぜんぞうてき》に自ら責任を負うことを期待する。（傍点渡部、後略）」

このように、旧日米安保条約はアメリカの言い分が主である。東アジア全般の安全を保障するということになっているが、日本を防衛するのは義務ではない。そして、日本にアメリカの基地を置き、ほぼ自由に使用できる。しかしそれゆえに、日本の安全も保障されるというような内容が柱になっていた。

のちの昭和三十年（一九五五）八月、日本民主党・鳩山一郎内閣の外務大臣だった重《しげ》光葵《みつまもる》氏がダレス米国務長官と会って安保改定を申し入れた時に、幹事長だった岸信介氏も訪米に同行したが（日本民主党と自由党が合併して自由民主党が結成されたのは同年十一月）、アイゼンハワー政権で国務長官となったダレスは全く取りあわなかったという。「自分の軍隊を持たないような国が平等な条約など結べるのですか」というようなことを言われたらしい。

だが、日本は独立を回復して自由経済を手に入れると、見事に復興を遂げていった。そこに岸信介首相が登場する。

岸とアイクがゴルフ

岸首相は戦前からの実力者だったから、戦前の独立国としての尊厳に思いを馳せ、アメリカと平等な条約を結ばなければならない、と必死になって考えた。そして安保改定を主張したのである。

占領時代の継続のような旧安保条約に比べて、新安保条約（日本国とアメリカ合衆国との間の相互協力及び安全保障条約）は一応、平等な条約になっている。軍事的にも経済的にも関係を強化し、相互協力による安全保障を謳《うた》っている。

岸首相は昭和三十二年（一九五七）にアメリカを訪れた時に「日米新時代」と言い、占領・被占領の関係ではなく、平等な立場での軍事同盟を結ぶという立場をとった。冷戦時代になっていたため、アメリカも日本を必要としていたという事情もあった。

だから、アイゼンハワー大統領と岸首相がゴルフをする写真が新聞に掲載されたりもした。それまでの日本はアメリカに占領されていたため、天皇陛下の前でさえマッカーサーが威張っているような状態だったのに、日本の首相とアメリカの大統領が同じようにスポーツウェアを着てゴルフをする。その姿を見て、初めて日本とアメリカは平等になったのだと実感したものである。

このように、「安保を改定する」ことは独立国としての尊厳を守る平等な軍事同盟にすることであるにもかかわらず、なぜ共産党、社会党が反対したか。これにはソ連の思惑が大きく働いている。

サンフランシスコ講和条約を結ばなければならないということは、当時、国務省顧問であったダレスも気づいていた。昭和二十六年（一九五一）春の上院の秘密部会で、「日本は産業も発達し、世界の工場のようになっていて力をつけているため、この国は絶対に西側諸国に入れなければならない」という主旨の発言を行なっていることが明らかになっている。

このことはおそらくソ連にも伝わっていた。日本とアメリカが同盟を結べば強大な敵が一つ生まれることになるわけだから、ソ連としては戦々恐々《せんせんきょうきょう》である。

このために、普通の外交関係ではあり得ない、露骨なまでの「安保反対」運動が始まった。

ソ連のグロムイコ外務大臣は昭和三十一年（一九五六）の日ソ共同宣言で、平和条約締結後に北方領土二島を返還すると確約したにもかかわらず、モスクワに駐在していた門脇季光《かどわきすえみつ》大使を呼んで、「こんなことをするようなら歯舞《はぼまい》、色丹《しこたん》は返還しない」とまで言った。この一方的な通告にもちろん日本は抗議したので、結局、ソ連は「返還拒否」通告を撤回せざるをえなかった。

また、インドネシアに外遊中だったソ連のフルシチョフ首相は「日本は危ない火遊びをしている」というようなことを言った。これは一国の首相が他国に対して言うような言葉ではない。

それほどソ連は、日本とアメリカが同盟を結べば東南アジアまで西側についてしまうということを恐れて、なんとしても新日米安保条約、つまり安保改定を止めさせたかった。

逆に、日本を東側、つまりソ連・中共勢力が取れば、アメリカの防衛ラインをハワイまで下げることができるわけだから、ソ連は日本をいまは取れないまでも、いつでも入り込める状態にしておきたかった。

ソ連がそう考えている以上、日本共産党はソ連の出店のような存在だったから新安保条約に反対するのは当然だ。

では社会党はどうか。社会党でも、特に浅沼稲次郎氏らは共産党と同じような考え方だった。浅沼氏が中国に行き、人民帽をかぶった姿で「アメリカ帝国主義は日中両国人民の共同の敵」と言ったことは有名である。

その他の社会党員、特に労農派（注１）の人たちは、岸信介氏の指摘によると、戦前から共産党に対して劣等感を持っていたという。本当は共産主義に行くべきところを一歩手前で留まっているのが社会党だ、と自分たちでも思っていたわけだ。

共産党も社会党も日本の独立、つまりサンフランシスコ講和条約自体に反対した政党である。ソ連や中国の共産党からの指令に従って反対したそのような政党が、日本が西側の自由主義・民主主義の諸国につくことになる日米軍事同盟に賛成するはずがない。

インテリのなかにも「安保反対」の人たちは数多くいた。もちろん共産主義や社会主義のインテリもいたが、それ以外の人たちは、敗戦によって日本では何が起こるかわからないという心配があった。アメリカが引き上げてソ連が入ってきたら共産革命が起こるかもしれない。そうなれば大規模な粛清《しゅくせい》が行なわれる。その粛清の材料になるのは、アメリカの占領時代に誰が何を書き、何を言ったかである。それをインテリたちは心配した。

これについては、当時の進歩的文化人の代表であった清水幾太郎《しみずいくたろう》氏が自叙伝的なものを雑誌『諸君!』に連載した時、「昭和二十年代の物書きというのは、万一、革命が起こった時が怖かったのだ」というようなことを書いていた。

学生たちはどうだったか。日本の全学連(全日本学生自治会総連合)は、いわゆる六〇年安保のデモで世界的に有名になったが、その委員長であった北大の学生、唐牛健太郎《かろうじけんたろう》氏は、のちに縁あって私の家に何度か来たことがある。

その時に彼は、「あのデモは、祭りではしゃいで川に飛び込んでみたようなものだった」と言っていたから、学生のなかには、ただ騒ぐのが面白くてデモをしていた人たちもいたはずだ。

また、「安保反対」がさらに盛り上がったのは、自民党内に「反岸」という勢力があったからでもある。

昭和三十年（一九五五）に自由党と民主党が合併して自由民主党が結党されたが、岸信介氏はそれを主導し、自民党の初代幹事長に就任した。翌年末の第一回自民党総裁選挙に立候補した岸氏は圧倒的な票を集めていたものの過半数に届かず、石橋湛山《いしばしたんざん》氏が石《いし》井《い》光次郎《みつじろう》氏と組んで二位、三位連合という奇策を用いたため、岸氏は石橋湛山氏に七票差で敗れる結果になった。それくらい、党内に「反岸」勢力があったということだ。

その後、石橋氏が病気で倒れたため、やっと岸信介首相が誕生した。新日米安保条約が日本にとって重要だということは自民党も認識していて、党議決定には至っている。しかし実際の採決の時は、旧国民協同党《こくみんきょうどうとう》（注２）系や改進党《かいしんとう》（注３）系の三木武夫《みきたけお》氏や松村謙三《まつむらけんぞう》氏が欠席した。国にとってこれほど重要な問題を決定する時に、左翼とつるんで出てこなかった三木氏らに、岸首相は強い不信感を持つことになる。

のちに、弟の佐藤栄作首相が組閣の際に「三木武夫を外務大臣にしようかと思っている」と相談したところ、岸氏は「それはやめたほうがいい。三木は絶対に許せない」と言ったという。それでも結局、佐藤首相は三木氏を外相にしたのだが、のちに佐藤氏は「あれは大失敗だった」と言った。

いまから見ればわかるように、三木内閣の時に日本はぐんと左傾した。朝日新聞論説委員であった永井道雄氏を民間から呼んできて、文部大臣に据えたりもした。教育界の左傾化がこの時、一段と進んだ。

しかし、自民党内がこのように新安保条約をめぐって割れていても、吉田茂氏は自分が作った旧安保条約よりも改定安保のほうが日本にとってよいことを認め、吉田スクール生徒の池田勇人《いけだはやと》氏などには岸首相を支持するように言ったという。吉田氏の国益と日本の独立を思う気持ちは本物だと言えるだろう。

（注1）**労農派**　戦前の日本共産党と訣別《けつべつ》した社会主義者グループ。雑誌『労農』に拠《よ》ったためこの名がある。戦後は日本社会党左派に継承された。労農派と対抗した日本共産党一派は、岩波書店から出版された『日本資本主義発達史講座』執筆グループを中心としたので「講

座派」と呼ばれ、天皇制を打倒するブルジョア革命のあとに社会主義革命が起こるとする「二段階革命論」を唱えた。

（注2）**国民協同党**　戦後の昭和二十二年（一九四七）に結成された中道政党。三木武夫が書記長・中央委員長を歴任した。同二十五年、民主党野党派と合同して国民民主党に発展。

（注3）**改進党**　昭和二十七年（一九五二）、国民民主党と新政クラブを中心に結成された保守中道政党。総裁は重光葵、中央常任委員会議長を松村謙三ほか、幹事長を三木武夫ほかが務めた。昭和二十九年（一九五四）、自由党を離党した鳩山一郎グループとともに日本民主党（総裁・鳩山一郎、幹事長・岸信介）を結成。さらに翌三十年、日本民主党が自由党と保守合同して自由民主党が誕生した。

非武装中立は危険な思想

共産党や社会党が「安保反対」の理由として挙げていたのは、「いま、アメリカとソ連は雪解けの方向に向かっている」というものだった。「そのような時に、アメリカとの軍事同盟を強化する必要はないではないか」と主張していたのである。

しかし、これは全くの世間知らずだ。当時のソ連は威力ある水爆や、大陸間弾道弾ミサイルを開発しており、その脅威はどんどん大きくなっていた。のちの大平正芳《おおひらまさよし》内閣で、私は軍事に関する委員会に呼ばれて出席していたが、「ちょっと目を離せばポート・トゥ・ポート、つまりソ連の港から日本の港へ、すっと上陸するくらいソ連は極東に力を蓄えている」ということだった。

当然、雪解けなどあるはずもなく、ソ連はどんどん極東の軍事力を増大させていた。しかし共産党や社会党はソ連の意向に沿って、真っ赤な嘘を宣伝して回っていたのだ。また、共産党や社会党よりはマシではあるものの、自民党のなかで「安保反対」を唱え、国益に反する意見を述べるような人たちは、「アメリカと同盟など結んだら逆に危ないのではないか。非武装中立のほうがよいのではないか」と社会党の非武装中立路線に近いようなことを主張していた。

この非武装中立に近い人たちは、結局、ソ連の本質がわかっていない人たちである。日本が非武装であれば、ソ連はたちどころに攻め入ってきたはずだ。

非武装中立がいかに危険な思想であるかは、ライシャワー元駐日大使のエピソードが物語っている。

ある新聞記者がライシャワー大使に、「もし社会党が政権をとって非武装中立ということになったらどうしますか」と問うたことがある。するとライシャワー大使は、「アメリカはすぐに日本に攻め込みます」と答えた。アメリカが先に攻め込んで日本を取らなければ、ソ連に取られてしまうからだ。

非武装中立を唱える人たちには、柵を取っ払われた羊が狼の前に立たなければならないという現実を直視する力も、危機感も、全くないと言える。

この非武装中立に近い立場をとり、安保改定に反対した三木武夫氏のような人たちの考え方が、いま形を変えて残っている。それが「三角外交論」である。日本は、アメリカと中国と正三角形の関係であるべきだという。

しかし、アメリカも中国も原爆を持っている。それだけを考えても、日本が二国と正三角形の関係を作れるわけがない。正三角形というのは彼らの偽装で、中国に引っ張られてもいいという考えを持っているということだ。非武装中立と同じく現実感がないうえに、日本の独立を危うくする危険な思想である。

先ほども述べたように、岸信介首相は三木武夫氏のような人たちは絶対に油断できない、と弟の佐藤栄作氏に言っていた。これは、岡崎久彦《おかざきひさひこ》氏が加藤紘一氏を批判したことを思い出させる。岡崎氏は平成十年（一九九八）の産経新聞「正論」欄で、「不安な加藤氏の外交的言動」と題して次のように述べていた。

「加藤氏は今のままでは総理、外相にしてはいけない。蔵相、通産相ならばもとより反対はなく、政界の顕職《けんしょく》を歴任される事に祝意を表したい。

しかし、加藤氏が今の思考の習慣を変えないかぎり、総理、外相とするのは重大な危険を冒すことになり、国を誤る惧《おそ》れがある。

三木武夫が総理となった二年間だけで、防衛計画の大綱《たいこう》、GNP一％枠など、その修復に何年も要する防衛政策のゆがみが生じた。修復出来るものならまだ良い。もし日米同盟が弱体化されれば、あるいは、それは日本にとってもう修復不可能な破局への道となる惧れがある」

日米で核の共有を

安保改定の時は、あまりにデモが激しいので閣僚たちは避難し、首相官邸には岸首相と弟の佐藤栄作氏しかいなかった。小倉警視総監は、「危険ですから官邸から立ち去ってください」と言ったそうだが、岸首相は「ここから立ち去ったら、どこが安全なのか。首相が官邸を去って他の所で襲われて殺されたらみっともないではないか。やられるのならここでやられる」と言って、佐藤栄作氏とブランデーを飲んでいたという話は有名である。

このような肚《はら》のすわり方を見ると、岸首相が最後の日本男児なのかもしれないと思えてくる。

作家の塩野七生《しおのななみ》さんとお会いしてお話しした折に、塩野さんは常に日本のことを考えながらローマについて書かれているのではないか、と感じられた。そして、私と同じ感覚をお持ちなのだと思った。

塩野さんは、「日本の男は本当につまらなくなった」と言われた。その「つまらなくなった」例として、人間としての好き嫌いは別として、私は岸氏と時の総理大臣・福田康夫《ふくだやすお》氏を比較して考えざるをえなかった。

いま現在の日本においても、アデナウアーの演説から岸信介首相に繋がる政策、つまり保守本流であることが重要なのは明らかだ。

しかしいま問題なのは、ソ連と中国の違いである。岸首相の時代はソ連が脅威だったが、いま直接の脅威となっているのは中国だ。

中国はソ連と同じように共産主義で覇権主義が強いわけだが、市場だけは開放したため、アメリカの資本が入ってきた。だから金儲けを考える人たちは、中国に対して強い態度に出ることができない。ソ連に対しては、反共ということで西側諸国は一致団結できたが、中国に対してはそれができない状況に陥《おちい》っているのだ。

中国の本質が、周辺諸国を自国の傘下《さんか》に組み込みたいという露骨な野望にあることは明白である。

にもかかわらずアメリカは、イスラム諸国のテロや反米諸国の小型核爆弾などを防衛しなければならない状況下にある。北朝鮮の核実験に対するアメリカの煮え切らない対応を見ても、中国への配慮と自国の防衛で手一杯になりつつある様子が窺《うかが》える。

だから本当は、新々日米安保条約が必要なのである。新々安保はおそらく、日本もアメリカと核を共有するというものになるだろう。

なぜなら、中国は核保有国で、しかも軍事力を年々増大させている。そして、もはやアメリカの核の傘が機能しないのではないかという懸念《けねん》が懸念で済まない状況にあるからだ。さらに、これだけ核が拡散したなかでは、日本が実際に核攻撃を受けたとしても、本当にアメリカが報復の核を撃つ可能性は低い。報復の核を撃ち込めば、今度はアメリカが報復の対象になるからである。

新々安保条約で日本がアメリカと核を共有するには、専門家がさまざまな方法を考えればいい。

私が素人ながら考えれば、たとえば核を配備した原子力潜水艦を日本が所有し、そこにアメリカ軍人もともに乗艦してもらう。核の発射ボタンはアメリカと日本の両者が同意しなければ押せないシステムを作る。そういう方法も考えられる。

ここで大事なのは、アメリカが安心して日本と共有できるような核を持つ方法を考えるということだ。これを盛り込んだ新々安保条約が必要な時期にきている。

旧安保条約で吉田茂首相が、頼み込むような形で日本の安全をアメリカに委《ゆだ》ねた時と同じように、いまの中国と核の脅威が同居する世界における日本は、アメリカの軍事力との協同がなければほとんど丸裸の状態であることを認識しなければならない。

第8章

五五年体制と自民党

「五五年体制」の定義と「保守合同」の理由

まず、世に言われる五五年体制について定義しておこう。

昭和三十年（一九五五）十一月十五日、社会党の左派と右派が合同したのに対して、保守も吉田茂氏を中心とする自由党と、鳩山一郎氏を中心とする日本民主党が合併して保守合同が成立、自由民主党が誕生した。

初代総裁の鳩山一郎氏以来、自民党は二つの姿勢を明瞭にしていた。政治はデモクラシーの形態をとるが、しかし占領体制には反対であるということだ。

これに対して社会党は、三分の二以上を自民党に取られて憲法改正をさせないために、両院ともに三分の一は割らないという姿勢でいた。

このような自民党と社会党の睨《にら》み合いのなかで、自民党の一党支配が続いたのが五五年体制である。

五五年体制前夜の状況を説明しておきたい。

サンフランシスコ講和条約で日本が独立を回復するまでは、日本国憲法ができたとはいっても占領下にあった。ＧＨＱが憲法の上に立って目を光らせていたのである。

そのようななかで、日本の舵取《かじと》りをしたのは吉田茂首相だった。社会党が政権を取った短命内閣などもあったが、占領下を切り盛りしたのは吉田首相だと言っていい。吉田首相は、当時として考えられる最良の方法でマッカーサーと接触し、ＧＨＱ民政局の極端な左翼勢力を押さえてきた。その手腕を国民は直感的に評価し、吉田首相を支持した。

吉田首相は日本の名誉を守り抜いた形でサンフランシスコ講和条約を結び、そこで辞めておけばのちのちまで神のように語られただろうと言われているが、人間はそういう状況に置かれると権力の座から離れられないようだ。吉田首相は辞めなかった。

すると鳩山一郎氏は面白くない。鳩山氏は戦後すぐに自由党を作り、選挙でも勝って首相になるはずだった人だ。ところが公職追放令によって地位を追われたため、あとを吉田茂氏に任せることになった。

鳩山氏は、吉田首相がうまく政権を維持するのを見て、「俺が吉田に預けた」などと力を誇示したりした。

そんななか、ＧＨＱの占領体制が終わって日本が独立すると、国民は吉田首相でなくてもよくなった。第五次内閣にまでなっていたので、吉田政権に飽きたということもある。だから吉田首相が後継者としていた緒方竹虎《おがたたけとら》氏も、「不信任案を突き付けられるよりはよいだろう」と鳩山氏に政権を譲ることで合意した。

昭和二十九年（一九五四）、鳩山氏は日本民主党を結成して総裁になり、第五次吉田内閣の総辞職によって少数の第二党ながらも総理大臣になった。

すると、物凄い「鳩山ブーム」が起こった。鳩山氏は公職追放されて吉田茂氏に政権を取られている間に脳出血で倒れたこともあり、判官贔屓《ほうがんびいき》の日本人に人気があったのである。

しかし、自由党の議員は依然として吉田氏を支持していたため、政権の舵取りに支障が生じ、すぐに総選挙を行なわなければならなくなった。昭和三十年（一九五五）一月二十四日、いわゆる「天の声解散」をする。「なぜ、この日に解散なのか」と記者に問われた鳩山首相が、「天の声を聞いたからです」と悪びれずに答えたことからこう呼ばれた。

その総選挙の結果、鳩山氏の民主党はもともとの百二十一議席が、鳩山ブームによって百八十五議席にもなった。対して、吉田氏の自由党は百八十議席を百十二議席に落としている。

そして、左右社会党を併せた議席が百五十六。社会党左派は十七も議席を増やした。

百八十五議席にまで伸ばした民主党だが、しかし首班指名で勝つための過半数には届かない。鳩山氏は社会党左派の鈴木茂三郎《すずきもさぶろう》氏と票読みを競うことになる。首班指名の鍵を握る自由党は、その多くが鳩山氏を嫌って投票しなかったが、投票された自由党の票を足して、第二次鳩山内閣が誕生したのである。

このようないきさつから、第二次鳩山内閣は少数与党のうえに自由党の鳩山嫌いもあって、やはり政局運営が難しくなった。

そこで、左右社会党が一致して挑《いど》んできているなかで保守陣営がこのような状態では危ない、と国を憂える人が出てきた。また経済政策が立ちゆかないことから、財界人が圧力をかけ始めた。

そうして急速に保守合同が進む。この合同を進めた中心人物が三木武吉《みきぶきち》という豪傑だった。

迫真の料亭政治がカギ

三木武吉氏は妾《めかけ》が五人もいたという人物である。選挙中に対立候補から「妾を三人も囲っている」と非難されてもそれをあっさり認め、「三人ではなく、五人だ」と訂正。「いまは年をとり役に立たないが捨てるに忍びず、全員面倒を見ている」と言って相手候補を黙らせたという逸話のあるような人だった。

三木氏は第一次世界大戦末期に憲政会《けんせいかい》に所属して議員になり、のちに濱口雄幸《はまぐちおさち》氏が代表を務めた立憲民政党《りっけんみんせいとう》に所属した。香川県高松市で廃藩置県《はいはんちけん》のあとに骨董商《こっとうしょう》となった家に生まれ、東京専門学校（現早稲田大学）出身だから、いわゆる大学出ではない。

東京専門学校卒業後は日本銀行に入行するも、日露戦争後のポーツマス条約に反対して桂内閣退陣要求の演説をぶち、服務規程違反で免職となる。その後、司法試験に合格して東京地方裁判所司法官補になるが、七カ月後には弁護士に鞍替《くらが》えした。

その後、区会議員、次いで衆議院議員になり、三十九歳で憲政会幹事長になった。

しかし、昭和五年（一九三〇）に京成《けいせい》電車疑獄事件という汚職事件に巻き込まれて有罪となり、政界から一時離れることになる。その後、報知新聞社社長に就任したりするが、昭和十七年（一九四二）のいわゆる翼賛《よくさん》選挙に非推薦で立候補して当選し、政界復帰を果たす。

非推薦議員が戦時中に出馬しているという事実は注目すべき事柄なので、少し説明しておこう。

あの大東亜戦争のただなかで、独裁的と言われた東條英機《とうじょうひでき》首相が「推薦議員」にすれば、「この議員に投票しろ」という意味である。しかし、そのようななかでも東條首相に反旗を翻《ひるがえ》す「非推薦議員」が多数当選している。

中国はいまでさえ総選挙もできない国だが、日本では戦時中にも総選挙ができるに十分なほど民主主義が浸透していたのである。

話を元に戻すと、そのような人物である三木武吉氏が保守合同を牽引《けんいん》し、民主党幹事長の岸信介《きしのぶすけ》氏もともに働いて鳩山氏を担《かつ》いだ。

これらの政治家に共通しているのは、非常に女性に恵まれ、下半身にパワーがあるということだ。鳩山氏は、共立《きょうりつ》女子大学を創設した春子氏が母、共立女子大学の学長を務めた薫氏が妻だった。ずいぶんと女遊びもして妾もいた人である。しかし妻は妾についてて問われると、「主人は忙しいので遊んでくださる方にお願いしております」と答えたという。

三木武吉氏は先ほども述べたように、妾が五人もいたという話のある人だ。

岸信介氏は巣鴨《すがも》プリズンに拘留《こうりゅう》されている時、週に一度は夢精したとかオナニーしたとかいう逸話の持ち主である。同年配の連合艦隊参謀長などがついに一度も夢精しなかったことについて、岸氏は「あんなだらしない奴らに軍を握られていたのか」と語ったともいわれる。

三人とも下半身にパワーが漲《みなぎ》っていた人たちだった。

だから彼らは保守合同についての話し合いも、ほとんど料亭で行なった。つまり料亭政治である。田中角栄《たなかかくえい》元総理の秘書だった早坂茂三《はやさかしげぞう》氏も、「あの頃は赤坂や新橋で女を抱いて寝て、わなわなとやる気が漲った」というようなことを書いておられたと思う。

野党も、政治家の下半身についてあえて追及したりしなかった。

下半身のことでビクビクする政治家が増え、野党に追及されるとクビが飛ぶようになったのも、料亭政治が悪いと言われ始めたのも最近のことだ。細川護熙《ほそかわもりひろ》元総理大臣が、自分はさんざん遊んで卒業したあとに料亭政治はしないと言い始めた。それに伴って政治家のスケールも小さくなってしまった。

保守合同は、昔風のパワー漲る政治家たちが料亭を舞台に行なったからこそ、成立したとも言えるのだ。

大日本帝国と自民党精神

下半身に節操はなくても、保守合同の中心にいた人たちは戦争に敗れたとはいえ大日本帝国に誇りを持っていた。

　これは投票権のある国民も同じで、多くの人たちには、戦争はまずかったけれど日本だけが悪いのではなく、日本は一歩一歩追い詰められて受け身で戦争をしたのだという記憶が明瞭に残っていた。だから日本は悪くない、と国に対する誇りを持っていた。

　そして鳩山氏も三木氏も岸氏も、第九条があるような憲法、占領軍に作られた憲法は変えなければならないという信念を持っていた。だから憲法改正は自民党の立党精神とされたのである。

　自民党立党時に記された「党の使命」という文章がある。少し長いが引用しておこう。

〈(前略)

　国内の現状を見るに、祖国愛と自主独立の精神は失われ、政治は昏迷《こんめい》を続け、経済は自立になお遠く、民生は不安の域を脱せず、独立体制は未だ十分整わず、加えて独裁を目ざす階級闘争は益々熾烈《しれつ》となりつつある。

　思うに、ここに至った一半の原因は、敗戦の初期の占領政策の過誤にある。占領下強調された民主主義、自由主義は新しい日本の指導理念として尊重し擁護《ようご》すべきであるが、初期の占領政策の方向が、主としてわが国の弱体化に置かれていたため、憲法を始め教育制度その他の諸制度の改革に当り、不当に国家観念と愛国心を抑圧し、また国権を過度に分裂弱化させたものが少なくない。この間隙《かんげき》が新たなる国際情勢の変化と相まち、共産主義及び階級社会主義勢力の乗ずるところとなり、その急激な台頭を許すに至ったのである。

他面、政党及び政治家の感情的対立抗争、党略と迎合と集団圧力による政治、綱紀紊乱《こうきびんらん》等の諸弊《しょへい》が国家の大計遂行《すいこう》を困難ならしめ、経済の自立繁栄を阻害《そがい》したこともまた反省されねばならぬ。(中略)

わが党は右の理念と立場に立って、国民大衆と相携《あいたずさ》え、第一、国民道義の確立と教育の改革　第二、政官界の刷新　第三、経済自立の達成　第四、福祉社会の建設　第五、平和外交の積極的展開　第六、現行憲法の自主的改正を始めとする独立体制の整備を強力に実行し、もって、国民の負託《ふたく》に応《こた》えんとするものである。〉

このように現行憲法の自主的改正は、自主独立のためにはどうしても必要だということが当時の政治家には痛いほどわかっていた。

しかし、この「占領憲法があるうちは日本ではない」という感覚は世代が変わるごとにどんどん薄くなり、先の安倍晋三《あべしんぞう》内閣になるまで忘れ去られていた。

保守合同当時の大部分のマスコミは「平和憲法万歳」という論調で、挙げて左翼的な言論が横行していた。そしてそれが長く続き、自民党はマスコミに常に悪者として扱われることになった。

いまでもよく覚えているが、七〇年安保の大学紛争で、大学のなかでもいちばん早くに警官隊を入れ、教員にも左翼が少なかったのは、私がいた上智大学だった。それでも、当時の数学者の学長は左翼でないにもかかわらず、「こういういい加減な政治をする国に卒業生を送るのは嘆かわしい」という主旨の話を卒業式でしていた。

つまり、インテリと言われる人たちの多くは、五五年体制における自民党支配の政治を悪と見ていたのである。ソ連が解体するまでは、どの大学でもたいてい同じような見方をしていた。産学協同《さんがくきょうどう》（産業界と学界が共同で研究開発すること）という、今日では当然のことが、当時の左翼勢力や進歩的文化人によって激しく批判されていた。

長い間、五五年体制における自民党をまともに評価する人はいなかった。国際政治学者の高坂正堯《こうさかまさたか》氏が吉田茂氏を評価した『宰相吉田茂』（中央公論新社）が非常に評判になったのは、それまでそういう本がなかったからである。

しかし、吉田茂氏は晩年には憲法改正を急ぐことにこだわらなくなってしまったので、本当に評価されるべき信念の持ち主は鳩山氏、三木（武吉）氏、岸氏の三人だろう。

全マスコミが左翼的言論を張っているなかで悪とされた自民党が五五年体制を維持できた理由には、次のようなものがある。

まず、皮肉にもアメリカ軍が駐留していたからだということ。つまり現行憲法のままでは防衛をアメリカ軍に頼るよりほかないが、そのおかげで経済をはじめとするその他の分野は安定していた。

また、言論界がいかに左翼的であっても、国民は常に自民党に過半数を与えたというのも理由の一つである。当時、チャーチルの「二十代で革新でないものは情熱が足りない、三十代でまだ革新なのは頭が足りない」という言葉がよく引用された。朝日新聞に代表されるマスコミよりも国民のほうが頭がよかったのだ。

そして自民党の政治家自身が、「社会党にだけは絶対に政権を譲れない」という危機感を強く持っていたということだ。

大東亜戦争当時から、日本は共産主義、社会主義の恐ろしさをアメリカよりもよく知っていた。アメリカは朝鮮戦争になって、やっと気がついた。そして、社会党は日本の独立回復に反対した党である。したがって日本の保守主義の政治家たちは、野党に議席は渡せないと踏ん張った。

五五年体制は悪ではない

また、それ以外の重要な理由の一つとして、中選挙区制だったこともあげられる。岸信介氏は、早く健全な野党が育ち、二大政党制のようなものを確立したいという思いを持っており、社会党の成長を期待していた。にもかかわらず、社会党はまったく成長しなかった。

したがって首相は替われども、長きにわたってずっと自民党の一党支配が続くことになった。

土俵の上で戦っているのは自民党のなかの派閥だけだった。中選挙区制なので、選挙区には自民党の議員が二人ないし三人と立つことができる。野党は土俵の外から喚《わめ》いているような状態だった。

これは一風変わった政治が続いたようにも見えるが、野党が育たない状況下では悪いことではない。そもそも政権交代というのは、政権を交代することができるくらい共通点を持った二大政党でなくては成り立たないからである。

二大政党制の最たるものとして挙げられるイギリス議会も、最初から二大政党だったのではない。

最初はホイッグ党（Whig Party）が半世紀の長きにわたり、ほぼ一党独裁を続けた。トーリー党（Tory Party）から初めて首相が選出されたのは一七六二年になってからだ。

自民党も同じようなもので、一党支配が続くことが民主主義にとって悪いとは言えない。単に野党である社会党が、イデオロギー的に成長しなかっただけである。なにせ本家はモスクワにあるのだから、日本の政党として育つわけがない。

小選挙区制にもよい面はたくさんあるが、立花隆氏が「A定食かB定食しかなく、アラカルトが食べられない」と表現されたような短所もある。そういう意味では、中選挙区制で自民党の議員同士を存分に比較できたことは、日本の安定のためによかった。

もちろん、問題も出てきた。一つは、政権交代がないうえに、野党はなんだかんだ言っても三分の一以上の議席を確保したため、自民党は立党の精神的支柱である「憲法改正」について主張しなくなってしまった。

さらに失業対策や社会保障など、野党の主張であっても筋さえ通っていれば、それを受け入れて自民党が実行し始めた。それも手伝って自民党はますます安定し、派閥間の争いのみを考えていればよくなった。

日本の安定がアジアの安定に貢献したとして、佐藤首相がノーベル平和賞を授けられたのは昭和四十九年（一九七四）であった。たしかにその当時、足かけ八年にわたる佐藤内閣は、ベトナム戦争、中国文化大革命、スカルノ失脚、インド・パキスタン戦争、ドル防衛などなどの時代に際立《きわだ》って安定し、目ざましい高度成長の国であるとして世界の注目を浴びていたのであった。

だが、この安定のおかげで、日本は気がついてみれば一時期には一人当たりのＧＮＰがアメリカを超えるほどにまで経済成長したわけだから、五五年体制が悪だとは言えないだろう。

この五五年体制はずっと続くかとも思われたし、続いてもよかったのだが、それを突如として崩壊させたのは、あろうことか内紛だった。

五五年体制が崩壊した当時は、ベルリンの壁は崩壊し、ソ連は解体、中国にはいまのような経済的な力もなかった。このような状況であれば、「憲法改正」を成し遂げるためにいくらでも動けたはずである。

しかし、この最も重要な時期に立党精神を忘れ、内紛を起こし、名前も覚えられないほどのいろいろな小政党に分裂させた挙げ句、社会党から首相を出すに至った。その中心人物の一人が〝壊し屋〟小沢一郎氏である。

そのために小党分立し、衆議院議長には土井たか子氏がなり、細川・羽田《はた》内閣では自民党は政権を離れた。政権を離れた時に失った利権の大きさに驚愕《きょうがく》した自民党は、加藤《かとう》紘一《こういち》、河野洋平、森喜朗《もりよしろう》らの諸氏が政界の禁じ手を使って、社会党の村山富市《むらやまとみいち》氏を首相にするというウルトラCの政略で政権に復帰した。これで自民党の立党の精神はどこかに行ってしまったのである。

河野洋平氏や加藤紘一氏や小沢一郎氏は、日本国について考える前にまず自分の権力を考え、権謀術数《けんぼうじゅつすう》をめぐらした人物だと言うことができる。翻って、先述した下半身は上品とは言えない政治家たちは、頭は日本国のことを目一杯考える愛国心に充ち満ちていたのである。

結党精神に戻れ

三木武吉氏はもっと評価されてよい人物である。保守合同の立役者《たてやくしゃ》であるにもかかわらず、彼は一度も大臣になっていない。しかしまた、日本では大臣にならないほうが政局を動かす力があるとも言える。

戦前には陸奥宗光《むつむねみつ》（注1）の従兄弟《いとこ》で立憲政友会の幹部だった岡崎邦輔《おかざきくにすけ》氏という人物がいた。元駐タイ大使、岡崎久彦氏の祖父である。

岡崎邦輔氏は立憲国民党の犬養毅《いぬかいつよし》や政友会の尾崎行雄《おざきゆきお》、そして原敬《はらたかし》らをいろいろな形で組み合わせ、政局を動かして活躍した。一度、農林大臣になってはいるが、ほとんど水面下で働いた人だ。赤坂の夜の帝王とも言われていた。

こういう人がいる時にこそ、日本は戦前の民主主義のような政局運営ができる。清潔な表の政治の裏で、本物の男同士の話し合いが行われた。

私がドイツに留学していた頃、特に感じた事柄がある。当時、ドイツは大学の数が少なく、一学年ごとにどこの大学に転校してもよいため、ドイツ全体に一つの大学があるという状態だった。

だからどの大学を出たかは問題ではなく、どの教授についたかが重要で、昔、ハイデルベルクの人気哲学教授の講義には多くの学生が集まったため、下宿代などが高くなる現象が起こったほどだ。

大きな一つの大学には学生会が多数でき、それが交流の場となっていた。毎日、どこかの学生会で盛大な正装のダンスパーティーが開かれるのである。ダンスパーティーでは必ず、パートナーの女性を見つけなければならない。女性に人気がない男はダメなのである。

私はこの学生会で、男は女性に鍛《きた》えられるということを知った。ダンスはうまくなければならないし、パートナーを頼めば快諾《かいだく》してくれるような雰囲気と話術を身につけなければならない。ドイツでは、若い時から女性を交えた場での社交性がない男はダメな男であるということを痛感した。

振り返ってみると、日本の学生は幼稚な学生生活を送ってきた。しかし、日本の男は大学を出たあと、別の場所で鍛えられる。花柳界《かりゅうかい》の女性に好かれないような男は出世できないと言われたものだ。

保守合同から五十年以上経ったいま、日本は桁違《けたちが》いに経済力がついた。にもかかわらず、政治的には幼稚になってしまった。これは日本の伝統的な形であれ、西欧的な形であれ、若い頃から女性に鍛えられたことのない男性が政治家になっているからではないか。

また女性のほうでも、サッチャーのような、あるいはジャンヌ・ダルクのような、燃えるような愛国心のあるリーダーはまだ出てきていない。

また現在は、保守合同がなった時の「社会党の左右統一」に対する危機感のようなものはないまでも、与野党がねじれて政治が混迷している。そこに自民党と民主党という大きな政党がある。

民主党は内部に社会党を抱え込み、もっと悪いことに、憲法を改正する史上最高の好機を自らの権力欲によって潰《つぶ》した小沢氏を抱え込んでいる。だから、一九五五年のような国を憂えた合同や連立はあり得ないと思う。

ただしいまの民主党のなかには、自民党員よりも正統自民党らしい考え方を持った若い政治家がたくさんいることも事実である。また、自民党員でありながらも憲法改正に反対している政治家もいる。憲法改正に反対なのであれば、自民党にいる必要はない。

現行の憲法は、日本に主権のなかった時代に、占領軍の原案に従って作られたことは間違いない。いかなる詭弁《きべん》を用いても日本人の主権の発動はなかったのである。

もう一度「憲法改正」を旗印に、自民党立党の精神を持つ政治家が党派を超えて集まり、新たな保守本流の政党として再出発すべきである。そのためにも、三木武吉氏のような、水面下で働ける本当の大物の登場が待たれる。

（注1）**陸奥宗光**（一八四四～一八九七）　明治の外交官・政治家。紀州藩重臣の家に生まれたが、脱藩して坂本龍馬《さかもとりょうま》の海援隊《かいえんたい》に加わった。明治維新後は伊藤博文《いとうひろぶみ》内閣の外相として条約改正や下関条約の締結に功績を残した。著書に『蹇蹇録《けんけんろく》』などがある。

第9章

共産主義を崩壊させた
メイド・イン・ジャパン

敗戦の記憶と自由貿易が復興の鍵

私が留学中の昭和三十一年（一九五六年）頃、ドイツに送ってもらった『文藝春秋』に「日本の造船が世界一になった」と書いてあった。戦艦大和《やまと》以来の技術の蓄積が生きたという。

船を造るためには、単に枠組みを造って組み立てる技術だけではなく、中の精密機械が必要だ。だから造船業が復活したということは、全産業が復活したということであるという記事だったと記憶する。

韓国はずっとあとになって、朴正熙《ぼくせいき》大統領が日本に倣《なら》えということで船を造り始めたが、外殻《がいかく》は造れても中身は日本のものだった。その後、韓国の造船業は世界一だと言っていたが、その都度、高価な日本の精密技術の中味を使っている韓国は対日赤字がどんどん増えていく構造になっている。

日本が復興を遂げた時、前にも述べた高校三年の頃、三浦重三先生の言われた「戦艦大和や零戦を造ったと言っているが、あれを造るための工作機械は日本になかったんだぞ」という言葉が甦《よみがえ》った。つまり、工作機械の分野で日本は遅れていたのだ。三浦先生は、「飛行機のエンジンを造るためには丸い玉（ボールベアリング）が必要だけど、そのまん丸い玉を造ることが実に難しいのだ」と言っておられた。その工作機械の分野で日本は世界一を成し遂げたのである。それはいまでも高級な工作機械の分野で続いている。

また、電波探知機の分野でも日本は遅れていたため、戦争の途中から急に情勢が不利になったことは我々でも知っていた。にもかかわらず、気がついてみたら、一般向け電機製品におけるトップの座は、あっという間にアメリカから日本が奪い取った印象がある。

大東亜戦争がまだ記憶に新しいエンジニアや企業幹部は、日本の弱点がどこにあるか熟知していて、そこに全力を注ぎ込み、それが突破口となって経済大国への道を進んだのだと思われる。

まだ戦争中であったが、英米側の勝利が見えてきた昭和十九年（一九四四）、アメリカのニューハンプシャー州のブレトンウッズという町で、英米をはじめとする各国が戦後経済についてのブレトンウッズ協定を結んだ。このブレトンウッズ体制は、戦争が終結してからの国際通貨基金、国際復興開発銀行の設立を決定し、GATT《ガット》体制（関税および貿易に関する一般協定）、つまり自由貿易を広めていくという枠組である。

英米を動かしたのは、戦前のアウタルキー政策（自給自足ができる経済政策）に基づくブロック化経済の弱点を、アメリカとイギリスが一番よく知っていたからである。このブロック化経済を敷かれたために、天然資源のない日本は追い詰められた。これこそが戦争の原因であるということをアメリカ、イギリスはよく知っていたので、戦後、二度と戦争を起こさないようにするには自由貿易体制が重要であるということを決定したのである。

このGATT体制は、貿易さえ自由であれば日本人の優れた能力がいかんなく発揮されるということを証明したものではないだろうか。

明治開国以来の日本の悲劇は、近代産業なくして近代国家にはなり得ない、その近代産業のためには鉄などの資源が必要だが、日本にはそれが極端に少ないということだった。そのため、日本は苦労して絹を売って資源を買い、戦艦大和まで造りあげた。しかし戦後、自由貿易が原則になると日本人の能力がフルに発揮でき、あっという間にGNPは伸び、経済復興を果たした。

自由貿易体制になって何が変わるかと言うと、資源国が必ずしも有利ではないという状況が生じることだ。たとえば日本は、戦前はアメリカ、イギリスと比較すると鉄鋼生産量が十分の一と言われていたが、自由貿易になると鉄鉱石をどこから輸入してもいい。そこで、日本は輸入した鉄鉱石をすぐに利用できるよう、海岸に臨海工業地帯を作った。臨海工業地帯には、鉄鉱石であれ石炭であれ、重いものを海上輸送で難なく運び込める。十万トンを運べる船が一隻つけば、すぐそこに工場があるのだから十万トン分をすぐに降ろせる。

しかし、十万トン分を貨車で運んだら、十トン貨車で一万台必要になる。一万台の貨車で鉄鉱石や石炭を運ぶのは大変なことだ。アメリカなどでは鉄鉱石が出るのは内陸の山のなかだった。それを貨車で運ぶわけだから、日本と比較すれば非常に効率が悪い。船で運ぶというのは非常に効率的で、そのおかげで日本の鉄鋼生産量などは世界一にもなったのである。

日本製品が冷戦終結に貢献した

日本の産業が復興すると、たちまち円が強くなった。そして、昭和四十六年（一九七一）にニクソン・ショックが起こった。ニクソン米大統領がドルと金を切り離し、変動為替《かわせ》相場制にしたのである。するとドルが突如、円に対して安くなった。

その時、円が高くなるということは輸出産業にとっては大変な打撃であると考えて、ミスター大蔵大臣と言われた水田三喜男《みずたみきお》氏が昭和天皇に「大変なことになりました」と報告に行った。すると昭和天皇は、「円が高くなるということは、日本人の労働の価値が高くなるということではないのか」と聞かれた。水田大蔵大臣はそれに答えることもできず、冷や汗を流して引き下がったという話がある。

昭和天皇は戦前の一ドル二円の時代を知っておられた。その頃の日本人の労働の価値は一ドル二円だったが、戦後の日本人の労働価値は一ドル三百六十円、闇では一ドル四百円になった。それが一ドル二百円になるということは、日本人の労働価値が約二倍になったのではないかとおっしゃったのだ。

昭和天皇は長い間トップにいた方だから、直感的な知恵がおありになる。戦後の昭和二十一年に初めて衆議院議員になった水田大蔵大臣は、一ドルが二円の時代のことを体験的に知らず、円高になればアメリカで日本製品が売れなくなるという感覚しかなかった。いまから見ると、昭和天皇の観察のほうが正しかったことがよくわかる。

そうして日本はヨーロッパ諸国を追い抜き、アメリカに次いで二位の経済大国になった。その頃、日本人が冷や汗をかく事件が起こる。昭和四十八年(一九七三)の第一次石油ショックである。

戦前を知っている日本人は皆、青くなった。戦前、石油を止められたから戦争になったということを知っているからだ。今度は石油の生産を止めたのはアメリカではないが、売るほうが輸出量を削減したので、必然的にこれは大変だということになった。

当時は田中角栄《たなかかくえい》首相の時代で、三木武夫副総理がアラブ諸国に石油危機打開を頼み回ったと報道されていたのをよく覚えている。

その頃、経済評論家・長谷川慶太郎氏が月刊誌に登場した。長谷川さんは、「戦争ではないのだから、石油といえども商品である。だから売ってもらえないわけではない」と書いていた。石油ショックであれだけ日本中が青くなったにもかかわらず、経済学者、経済評論家で石油問題を論じた人は長谷川さん以外にはいなかった。それまでの日本の経済学者は、大学者と言われていた人でも何の役にも立たないことが証明されたのだ。

そして日本人は本気になって省エネを考えた。

昭和五十四年（一九七九）には第二次石油ショックが起こったが、八〇年代になると自動車の生産台数でも日本は世界一になった。第一次石油ショックのあとの数年で本気になった省エネ技術の成功のおかげである。この日本の省エネ技術の意味するところは、私は「世界維新」だと思う。

戦艦大和も零戦も、ヨーロッパやアメリカで成長した技術の延長線上にある。零戦の二十ミリ機関砲などはスイスの企業から買ってきたものだ。しかし、省エネ技術だけは日本発のもので成功したと言える。

アメリカの自動車会社は大きな自動車を作ってそれでよしとしていたが、それでは駄目な時代がやってきたわけだ。しかし、大きな自動車を小さくするというのは非常に難しい。ガソリンを食わない自動車にするためには、ただ小さくすればいいというものではないのである。

やがて、日本の自動車技術がアメリカで使われるようになった。アメリカも省エネを無視できなかった。ハーレー・ダビッドソンという伝統的なバイクメーカーがあるが、あの会社が潰《つぶ》れかかった時に救ったのはホンダだった。

気がついてみると、軍事機密関係や宇宙開発関係は別として、民生品であれば日本製品、もしくは日本のパテントを使用するか提携するかした製品でなければ世界で通用しなくなったのである。

まだベルリンの壁があった頃、古書学会でハンガリーのブダペストに行ったことがある。そこには私の娘の同級生が留学していたので、一緒に食事でもしようということになった。その時、その女の子が「ハンガリーでは日本は夢の国です」と言う。「ハンガリー人が欲しがっている物はみんな日本製です」と言うのだ。たとえばラジカセや小さな計算機が欲しいのだが、そんな物はハンガリーにはないと言う。鉄のカーテンの向こうでは、日本を天国のように思っていたのだ。

アメリカの経営学者、ドラッカーがのちに、戦後、一番大きな働きをしたのは日本であるという主旨のことを言っている。一つは、政治的に独立しなければならないということを世界中の旧植民地に教えた。もう一つは、高い技術はどこからでも習ったほうがいいということを教えた。これは明治維新から続く日本の伝統であると言うのだ。

そして、日本が経済成長したことによって、マレーシアでもインドネシアでも東欧圏では作れないものが作れるようになった。技術の元は日本であったとしても、メイド・イン・マレーシアであれ何であれ、何でもそこで作れてしまう。

鉄のカーテンの向こうは典型的な白人世界だ。彼らの人類観は簡単に言えば、戦前の通俗なダーウィニズムで一番進化したのが白人で、その次が黄色人種、その次が褐色人種、その下が黒人で、最後がオランウータン。

にもかかわらず、オランウータンの住む森に近い国が作っている物を自分たちが作れない。庶民の驚きは察するにあまりある。どうして自分たちがオランウータンに近いとされた人種の国よりも遅れてしまったのか、と考えた時、体制が悪いのだと気づいた。それがベルリンの壁の崩壊に繋がったのである。東ドイツ人などは物凄くプライドが高い。それが、メイド・イン・マレーシアに負けているのだから我慢ならない。

このように、冷戦の終結に一番貢献したのは日本である、とドラッカーは評価しているのだ。

明治維新の頃に日本が存在しなかったら、白人のアパルトヘイト（人種隔離政策）は世界中で半永久的に行なわれたかもしれない。また戦後においても、日本がなかったらまだ冷戦が続いていた可能性がある。共産圏の庶民が体制を信用できなくなったのは、日本の経済成長および省エネ技術革新とそれに伴うアジア諸国の経済と工業の成長にあるのだから。

共産主義体制は民主主義運動だけで潰れるようなヤワなものではない。鄧小平《とうしょうへい》も台湾を見て改革開放政策を行なった。同じ民族であるはずの台湾が高度経済成長して先進国に入っているのに、シナ大陸は昔のまま。それどころか、文化大革命によって文明的に退化していることを見たのだ。つまり庶民が商品を見たことで、共産主義イデオロギーは崩壊した。そしてその省エネ型ハイテク商品を作ったのは日本だということなのである。

第10章

日本繁栄の障害「官僚天国」

既得権益にしがみつく官公庁

日本製品は世界の各国民の憧れの的になり、東南アジアの発展に寄与し、共産主義イデオロギーを崩壊させるほどの力を持つまでになった。この章では、その後の日本と、国内に巣くった国益の弊害について述べてみたい。

日本製品の影響力が絶大になったので、昭和六十年（一九八五）にニューヨークのプラザホテルで行われた日米英独仏のG５によってプラザ合意が発表された。対日貿易赤字の是正を狙った為替《かわせ》レートに関する合意である。そして、非常に短期間の間に円高・ドル安政策がとられ、ドルは円に対して半分ほどの価値に下落した。そのため当時、日本ではプラザ合意不況、つまり急速な円高による不況が来るのではないか、という恐れがあった。

ところが、日本の企業家はここで踏ん張り、さらに合理化を進め、技術を磨いて、大打撃を受けるはずの輸出産業はほとんど無傷だった。すると同じ製品を輸出しても、ドルが倍くらい入ってくることになる。プラザ合意後の日本の豊かさというのは驚くべきものがあった。

当時のアメリカの雑誌『フォーチュン』を見てみたら、世界の銀行のランキングが掲載されていた。一位から七位くらいまでが日本の銀行である。八位くらいにフランスの銀行が入り、九位、十位はまた日本の銀行といった具合だ。

その頃、私はウシオ電機の創立者、牛尾治朗《うしおじろう》氏にお会いする機会があった。私が「こんなに日本の金融に力があるのなら、円を国際通貨として使うことはできないのでしょうか」と聞いたら、牛尾さんは「それは駄目です。日本はいくら円があっても使い勝手が悪い」と言う。それはどういうことかと聞くと、「大蔵省（現財務省）の為替管理がうるさくて」と言っておられた。

つまり、カネがあり余っているけれど、それを自由に使わせると大蔵省の権限が縮小するので自由に使わせない。自分たちの権力を守るために昔ながらの統制を行なっていたのである。だから、せいぜい使えるのは日本人が日本の土地を買い、日本の株を買い、多少、外国の土地や建物を買うくらい。大蔵省は自分たちの既得権益を守るために投資を自由にさせなかった。

そしてバブルがはじけた。これは非常に象徴的だった。戦後、成長を続けてきた日本の産業は、国が統制し続けていた分野からどんどん衰退していった。

日本の農業は、戦前は効率がよく、優秀な産業の一つだったと思われるが、いつの間にか競争力がなくなった。戦前における日本の貿易の大黒柱だった絹産業も衰退した。これは戦後の「耕作しないのにカネを出す」、また「農民でなければ農業分野に参入させない」という手厚い農林行政のせいだ。もし養蚕業《ようさんぎょう》に商社などの参入ができていたら、日本の絹生産は世界一になっていたかもしれない。

平成十九年（二〇〇七）の参院選で民主党が掲げた農林政策は、まさにこのバラマキ型に逆戻りするものだと言えるだろう。

あらゆる産業において言えることだが、国が援助するというやり方は、最初はよくても麻薬と同じで、その産業はどんどん弱体化していくのだ。

銀行家でなく接待業者

最後まで官僚が統制していたのが、金融分野である。大蔵省の言うことさえ聞いていれば、銀行は一行たりとも潰さないと言っていた。万が一、危機に陥《おちい》っても大蔵省から頭取《とうどり》を出してもらえば助かる。つまり、日本にはたくさんの銀行があるが、皆「大蔵省銀行三菱支店」というようなものだった。

当時、「MOF担《モフたん》」という言葉が流行《はや》った。「大蔵省（Ministry of Finance）担当」ということで、銀行ではMOF担にならなければ出世ができないということである。

MOF担は、大蔵省の役人と飲み食いすることが仕事だ。その時、軽蔑されないためには彼らと同レベルの大学を出ていること、つまり東大、せいぜい京大か一橋大学を卒業していることが重要になる。

その席で大蔵省の役人は、さすがにストレートに金融行政を語ったりはしないが、ヒントになるようなことを言う。それを聞いた東大出の若手のMOF担は翌日に頭取から呼ばれ、「昨日の話はどういう話だったか」と聞かれる。若い時から頭取と直接に話をするのだから、それは出世するはずだ。

「言ってみれば、戦後、銀行で偉くなった人たちは「銀行家」ではなく、「接待業者」なのである。だから、ひとたびベルリンの壁が崩れ、国際的な金融の競争力が求められるようになった時、米クリントン政権発足と同時にウォールストリート（注1）で鳴らしたロバート・ルービンという参謀が経済政策担当大統領補佐官としてつくと、日本は狼の前に放り出されたヒツジのようになってしまった。世界最強だった銀行が全て、その地位から転がり落ちた。ルービンはのちに財務長官になっている。

日本のこの惨状は、金融界を国家が統制していたから起こった。銀行家が育たず、難局を乗り切れる人材がいなかったのだ。多少、銀行家がいた例としては静岡銀行がよく挙げられる。戦前からの銀行家である酒井次吉郎《さかいじきちろう》氏が頭取を務めており、バブルに乗らなかった。だからバブルのあとには静岡銀行が、日本の銀行では国際ランキングで一番上位についた。

日本に銀行家がおらず、大蔵省は何も知らないということんな例がある。ある銀行がある金融商品を開発しようとすると、その時は必ず大蔵省に許可を求める。しかし、大蔵省の役人は二十二歳の頃に東大法学部を出て国家公務員試験に合格し、あとはほとんどが権限だけで出世してきた存在である。その商品がよいかどうかを判断する能力などないのが普通だ。仕方がないので他の銀行の担当者を呼んで、「こういう案はどうか」と聞く。その銀行が「よいのではないか」と言うと、一斉に許可する。

そうすると、商品案を出す奴が馬鹿を見ることになる。これが戦後、三十年、四十年続くと皆、馬鹿になり、ちょっと押されたらバラバラと崩れるほどになってしまったのだ。

いかに日本の銀行の崩れ方が酷かったかということを示す、奇妙な体験をしたことがある。私の教え子に、早稲田大学の政経学部で金融政策を学んで卒業し、のちに英語学を学びたくて上智大学にやってきた男がいる。この教え子が結婚することになって最初に報告に来た時には、「結婚式の司会は北海道拓殖銀行の友人がやります」と言っていた。しばらくすると、「北海道拓殖銀行が破綻《はたん》して司会が駄目になったので、山一證券《やまいちしょうけん》の友人に司会を代わってもらいます」と言う。すると、山一證券も結婚式までの間に潰れてしまった。そして、結婚式当日の司会は日本長期信用銀行の友人が務めた。その長銀も間もなく潰れた。笑い話ではなく、本当の話である。

それまで大蔵省は、都市銀行は一つも潰さないと言っていた。ところが、二代続けて大蔵省から頭取が出た関西の銀行あたりから潰れ始めた。官僚というものは、権限を使う時は強いけれども、自分が経営するとなるといかに何もできないかという象徴的な話だ。

他の分野も皆同様であるが唯一、製造業だけは、造船業で世界一の頃から日本が強かったため、世界中が日本の製造業に対して口うるさかった。だから、通産省（現経済産業省）は他の官庁と同様に権限を持っていたにもかかわらず、次から次へと自由化を進めざるを得なかったのである。そういうわけで、通産省は他の官庁とは桁違《けたちが》いに国際化が進んでいた。

その通産省も終戦直後は酷かったということを、故城山三郎氏の小説『官僚たちの夏』のモデルとして有名な佐橋滋《さはししげる》通産省事務次官から私は直接聞いている。

佐橋さんは「通産省で次官にまでなって、思うように政策を進めさせてもらったが、権限という点で言えば、終戦直後に自分が繊維局紙業課長をやった頃には及びもつかない」と言っていた。

一例を挙げれば、幣原喜重郎《しではらきじゅうろう》内閣が解散しようとした時、佐橋さんはマズいと思った。それで、「いま、選挙をされても選挙用紙の手当てがつきません」と言ったらしい。紙など十分あったのだが、担当課長がそう言えば、総理大臣さえ「そんなことはないだろう」とは言えなかったのだ。

また、通産省の政策について、ある新聞が批判したことがあった。佐橋さんは「けしからん」ということで、その新聞社に対しては用紙の割当て（配給）の増加を認めないと言った。すると、その新聞社から社長までもがやってきて平身低頭したという。「それなら批判したのと同じスペースで我々がやろうとしていることを書け」と言ったら、「はい」と言って紙面を割《さ》いたそうだ。

官僚の権限というのはこのくらい強かったものなのである。建設業界で道路公団の民営化が行なわれたのはつい最近のことだし、農林業界は平成十九年（二〇〇七）に松岡《まつおか》利勝《としかつ》農林水産大臣が自殺しなければならなかったような構造がいまだに残っている。

（注1）**ウォールストリート**　ウォール街。米国ニューヨーク・マンハッタンにある世界の金融・証券市場の中心地。大銀行、証券取引所、証券会社、商社が集中。アメリカ金融・証券市場の通称となっている。

役人の国家社会主義

日本の繁栄の一番の障害は、大蔵省をはじめとする官公庁の脱社会主義化が進んでいなかったことだ。国家社会主義体制ほど役人に気持ちのよい制度はない。そこに安住していたために、ソ連の解体や中国の改革開放政策などの世界の急速な変化、世界中のマーケットが一つになって動き始めるという変化に対応できなかった。

日本のバブルを一挙に潰したのも、大蔵省銀行局長の通達一本であった。このため、日本は一千兆円（多く評価する学者は二千兆円）の損害を受けたという。議会で議論されることなく、一局長の判断でこんなことができたのである。
大蔵省は収賄《しゅうわい》容疑を受けた二〜三人が責任を取らされただけで、政策の失敗については誰も責任を取らなかった。だが、彼らの失政は日本国中が知っていたため、大蔵省自体がなくなるという事態になった。

小泉純一郎内閣のいわゆる小泉改革以来、自由化は否応なしに進んでいる。グローバル化を批判する人も多くいるし、マイナス点もたしかにある。しかし、これは明治維新の時に文明開化に反対する勢力が強かったのと一脈通ずるところがあるので、注意しなくてはならない。

社会保険庁の年金問題でも、国と官僚がいかに信用できないかということがわかったはずだ。市場原理に基づいた行動をとらない、とる必要がないから、「宙に浮いた年金」「年金の着服」「データ改竄《かいざん》」、そして「年金の流用」などの、悪質で杜撰《ずさん》極まりない問題が起こる。したがって、社会保険庁も解体されることになった。

また、官僚天国を取り締まるとともに国の根幹である憲法にメスを入れなければ、日本の今後の発展はあり得ない。安倍晋三《あべしんぞう》総理になって、祖父・岸信介《きしのぶすけ》元総理が自民党を作った時の一番のスローガンである憲法改正の入り口にやっと辿《たど》り着いたかどうかという状況だった。

何度も言うが、「日本国憲法」はアメリカの「占領政策基本法」であり、日本に主権のない時に作られたものである。

現憲法に一度、失効宣言して、日本の主権による新憲法を制定するべきであるということを改めて言っておきたい。内容は、いまの憲法のよいところを採用すればよいのだ。

原発を造れるのは日本企業だけ

次に、現在の日本の光と影について述べておこう。

光の部分は、重工業だ。日本は省エネ技術を発明したが、それは韓国や中国にも伝わり、すでに日本独自のものではなくなってきているものが多い。だが、重工業の力が日本に残った。

戦後は内外から「日本の核」に対する反対が非常に強くあったが、日本は着々と原発の開発と改良を行ない続けた。そしていま、日本のエネルギーの三割程度が原発で賄《まかな》われている。

平成十九年（二〇〇七）の中越沖《ちゅうえつおき》地震により柏崎刈羽《かしわざきかりわ》原発が利用できなくなったこと

で、その夏の電力供給が非常に心細いものになったのをご記憶の方も多いだろう。

国際的に見ても、中国とインドの登場によって、世界のエネルギー資源問題は絶体絶命の状態になりつつあり、原発を使用するしかない状況にある。筑波大学の学長を務められた福田信之先生は、日本の高速増殖炉が成功するということは百年、一千年単位でエネルギー問題が解決することを意味すると言っておられた。

いま、世界で原発を造ることができる企業は、日本の三菱重工、日立、東芝の三つか、これと提携を結んでいる外国の企業しかないと言われている。西ドイツでは、チェルノブイリ（注1）の影響で原発は造らないと議会で決めたが、その法案を廃止する法案を通した。アメリカも中国も原発建設を発表しているが、それを担《にな》うのも日本の企業である。

昭和四十九年（一九七四）に出力上昇試験が行われた原子力船「むつ」が微量の放射能漏れを起こし、青森県むつ市民が帰港を拒否するという出来事があった。これを報道機関は「放射能をまき散らす原子力船『むつ』」と報道し、「むつ」は漂流を余儀なくされた。「むつ」の放射能漏れの程度は当時の単位で〇・二ミリレントゲンであり、通常の胃ガンの検査で被曝《ひばく》する百ミリレントゲンから比べれば微々《びび》たるものだった。しかし、「原爆教」とも言える核に対する極端なアレルギーを持った日本のマスコミは、「核」を扱ってそれが漏れたとなると、「放射能漏れ」と言葉の誤用も顧《かえり》みずおどろおどろしく騒ぎ立てる。

結局、「むつ」は一年間の実験航海を終えたあと、原子炉部分が解体され、「みらい」として航行している。このように戦後、「核を扱う」ことに関する左翼からの攻撃を受けながらも、原発を開発し続けた産業人が日本にいたということは高い評価に値する。

また、国土が狭く、アメリカほど自動車が必要と思えない日本の企業であるトヨタが、アメリカのGM（ゼネラル・モーターズ）を超えたということも特筆すべきだ。

日本は細やかな技術、信頼性のある技術の積み重ねによって、軍事や宇宙開発に対して種々の制約を受けながらも重工業分野が勝ち残っている。自動車では、小回りがきいてガソリンを食わない、ハイブリッドなどの省エネ分野で日本が先頭を走っている。

柏崎刈羽原発にしても、想定外の大きさの地震でありながら、原子炉はきちんと停止した。もちろん、その他の部分での多少の混乱やこれからの課題は残したが、最悪の事態は回避している。

昨今の中国の食品問題などを見ていると、あのような国に原発を造らせるのは非常に怖い。何が起こっても不思議ではない。日本の信頼性があってこその重工業だと言える。

もう一つ、重工業とともにソフトも強い。よく言われることだが、日本の漫画とアニメは世界で評価されている。私は二十年以上前に、手塚治虫《てづかおさむ》氏に文化勲章を贈るべきであるという論文を書いた。ロボットに対して日本人が親しみを持つのは手塚さんのおかげだ。

私が手塚さんに文化勲章を贈るべきだと考えたのは、こういうエピソードがあったからだ。上智大学では、新入生歓迎のオリエンテーション・キャンプを毎年行なっているが、ある年、『鉄腕アトム』の歌を英語で歌った上級生がいた。上級生の有志が、ボランティアとして新入生のオリエンテーション・キャンプの手伝いをしてくれていたのである。ヘルパーと呼ばれていた。そのヘルパーがアトムの歌を歌った時、私の隣りにいたイギリス人の先生が「不思議な感じがする。人類の味方のロボットというのはおかしい」と言った。それで私は、日本人にロボットに対するアレルギーがないのは、『鉄腕アトム』が大きく貢献していることに気づいたのだ。

では、日本の影の部分とは何か。それは、熟練工が最後の花を咲かせるために韓国や中国に行き、またはヘッドハンティングされ、日本の技術が容易に海外に流出しているということだ。また逆に、韓国や中国から留学生や工場の技術研修生がやってきて日本の機密を持ち帰っている、という由々しき状況もある。

日本は世界で唯一、「スパイ禁止法」がない国で、「機密筒抜け社会」だから情報は垂れ流し状態である。これに対処するため、防衛システムや罰則をしっかり作り、監視しなくてはならない。

長期で見れば、明治以来、日本を苦しめてきたのは、資源・エネルギーの問題だ。大東亜戦争の時も資源・エネルギーを止められ、追いつめられた結果、やりたくもない戦争を始めるしかなかった。この問題に対して、日本政府の肚《はら》をくった政策がほしい。

（注1）**チェルノブイリ**　ウクライナ共和国の都市。ソヴィエト連邦時代の一九八六年四月二十六日、同地の原子力発電所四号炉が炉心溶融《ろしんようゆう》（メルトダウン）ののち爆発。ヨーロッパを中心に放射能汚染をもたらし、史上最悪の原子力事故となった。

第11章

日本文明の核、皇室こそ世界遺産

「日本は一つの文明である」

以前、旧皇族系の評論家、竹田《たけだ》恒泰《つねやす》氏のお話をお聞きした時、竹田さんは日本文化の独自性をうまく主張されていた。私はその主張に全面的に賛成だったが、ただ、日本文化というより日本文明と言われたらよかったのではないかと思ったことも事実だ。

文化と文明はどこが違うかというのは昔からよく議論されていることだが、あえて大《おお》雑把《ざっぱ》に言えば、文化を主張するのはドイツ系で、文明を主張するのはフランス系ということになる。「ドイツ文化史」に相当するものをフランスでは「フランス文明史」と言う。フランスというのはローマ帝国の長女と昔から言われていた。ローマ文明を受け継いでいるフランスは文化でなく文明だ、普遍性のあるものだと言うのだ。

文化はローカル性が強い。「地方の文化」とは言うが、「地方の文明」とは言わないことからもそれがわかる。アメリカの国際政治学者、サミュエル・ハンティントンは世界の文明を八つに分けているが、文化は数多くあるので分けて数えるわけにはいかない。文明を分けたことが重要なのである。

日本は明治以来、シナ文明の一部だと欧米人に思われてきたところがあるが、しかし、そうではないと言っていた人がいる。初めて本格的に日本とシナの両方の文学を研究した大学者で、『源氏物語』を英訳したことでも有名なアーサー・ウェイリーという人がいる。ウェイリーは、ヨーロッパの主要言語はすべてマスターした語学の天才で、大英博物館に勤務していた。

大英博物館で最初に担当したのはシナの絵画だった。シナの絵画には詩が書いてあったりするから詩の研究を始め、言葉をマスターして漢詩の訳詩集などを出版するまでになった。その後、日本の研究も進め、能の謡曲なども訳し、のちには『源氏物語』の翻訳まで行なったのである。

そのウェイリーが、「日本は一つの文明である」という最終的な結論を出した。能のテキストの分野でも、日本にはシナからの影響があるとされていたが、それはほとんどないと言っている。

紫式部の『源氏物語』はいまから一千年ほど前に書かれたものだが、そのボキャブラリーを見ると大和《やまと》言葉が九九パーセントを占めていると言ってもいい。漢語が使われているのは、光源氏の北《きた》の方《かた》である葵《あおい》の上《うえ》の同腹のきょうだいで、光源氏のライバルとして描かれる頭中将《とうのちゅうじょう》などの「中将」という表記くらいだろう。これはシナから入ってきた制度を採用していたためだからやむをえない。『源氏物語』を翻訳するに当たって、ウェイリーは「日本文明」というものを実感したのだ。能に関しても、シナの元劇《げんげき》（注1）の影響があると言われていたが、両方を訳したウェイリーは両者には全く関係がないと判断した。

そしてウェイリーは、「The Originality of the Japanese Civilization」（日本文明の独創性）というパンフレットをオックスフォード大学出版局から昭和四年（一九二九）に出したが、私が知っている限り、これが「日本文明」という言葉を用いた最初だと思う。

ライシャワー元駐日大使は知日派として有名だが、元来、彼はハーバード大学の東洋史の研究者だった。そのライシャワー氏も戦前の著書のなかで、「日本は一つの文明である」と言っている。それにしては国が小さいではないかという意見に対しても、ギリシャもローマも元の国は小さいが文明である、日本を一つの文明と見ることについてはなんら問題ないと言うのだ。最近では、前述のハンティントンが日本を一つの文明であると分類している。

（注1）**元劇**　元（一二七一～一三六八）の時代に隆盛した雑劇（元雑劇）。雑劇は曲《うた》、科《しぐさ》、

白《せりふ》を伴う歌劇の一種。

皇室、神道、日本仏教

では、なぜ日本は一つの文明として認知され得たのか。他の文明は、多くの民族、言語をそのなかに含んでいる。たとえば、シナ文明のなかには朝鮮文化ほか、他の民族の文化が含まれる。しかし、そのシナ文明のなかに、どうしても日本は入らないのだ。

シナ文明のなかに日本を含めるわけにいかないとするその核は、皇室、神道、日本化された仏教の三つである。

まず、皇室について見ていこう。

たとえば、『中国詩人選集　二集』（岩波書店）という選集がある。その第八集には陸游《りくゆう》（陸放翁《ほうおう》）、第九集には元好問《げんこうもん》の作品がまとめられているが、陸游には宋《そう》が金《きん》という北方の異民族に侵攻されるのを嘆く詩が多い。ところが次に出てくる元好問は、金が蒙古帝国の元に滅ぼされるのを嘆いている。

このように、シナでは代表的な詩人がそれぞれ別な国を自分の国と認識して称《たた》え、それが滅ぼされるのを嘆いているが、このようなことは日本では考えられない。たとえば、柿本人麻呂《かきのもとのひとまろ》（注1）が日本の皇室を称え、その次の世代の歌人が高麗《こうらい》政権を称えるなどというのはあり得ないことだ。

シナと日本とでは国体が根本的に違うのである。シナでは常に王朝が変わり、支配する民族が変わる。日本では神話の時代から皇室が続いているわけだから、シナとは全く別の文明だとしか言いようがない。文化が違うということでは説明がつかないのだ。

早い時期からこのことに気がついていた日本人の一人が、頼山陽《らいさんよう》（注2）だ。彼の生前に唯一出版された『日本楽府《にほんがふ》』という本で頼山陽は、日本の歴史の六十六のハイライトを選んで詩にしている。なぜ六十六なのかと言うと、日本六十六カ国だからである。その六十六のハイライトの最初は、聖徳太子《しょうとくたいし》（注3）の「日出《ひいづ》る処《ところ》の天子、書を日没《ひぼっ》する処の天子に致す」の話。そして第六十六闋《けつ》（闋は楽府を数える単位）は、豊臣秀吉が朝鮮に出兵した文禄《ぶんろく》の役《えき》（一五九二）のあとにシナの明《みん》王からの使節が持ってきた冊封《さくほう》書《しょ》（領地・官職・爵位《しゃくい》を授ける書状）に「豊臣秀吉を日本の国王とする」と書いてあることに秀吉が烈火のごとく怒って使節を追い返したという話である。それで、慶長《けいちょう》の役（第二次朝鮮出兵。一五九七）が始まった。

頼山陽はゲーテと同じ年、天保《てんぽう》三年（一八三二）に亡くなった人だが、その時代にもかかわらず『日本楽府』の最初と最後で「日本とシナは国体が違う」ということを強力に打ち出しているというのが面白い。

全編漢詩として書かれているが、たとえば第一闋「日出處」には、

「日の出づる處《ところ》、日の没する處。

両頭の天子皆天署す。

扶桑鶏号《にはとりな》いて朝已《てふすで》に盈《み》つるも。

長安洛陽天未だ曙《あ》けず。

嬴《えい》は顚《たほ》れ劉《りふ》は蹶《つまづ》きて日没を趁《お》ひ。

東海の一輪旧に依りて出づ。」

とある。

これは、「大陸では次から次へと王朝が変わっていく。それは日没を追いかけているようだ。しかし、東の海には常にいつも変わらない一つの太陽が現れる」というような意味である。ちなみに嬴は秦《しん》朝の帝の姓であり、劉《りゅう》は漢朝の帝の姓である。

この頼山陽が的確に記したシナとは全く異なる日本文明は、その後も日本人の常識だった。これを忘れ、天皇を朝貢させるという売国的行為をしたのが、第六章で述べたよ

うに宮澤喜一《みやざわきいち》内閣である。

このように、国土は狭いながら日本は世界に類のない文明を築いてきた。類がないというと特殊だと考える方も多いかもしれないが、元来、世界の多くは日本と同じような形だったと思われる。

つまり、神話における神の系図があり、その系図の最後に位置するのが王家の始まりになるということだ。トロイ戦争（注4）で有名なアガメムノン王という人がいるが、この王のおじいさんのおじいさんくらいになるとゼウスの神になる。日本では神武天皇《じんむ》のおばあさんのおばあさんくらいになると天照大神《あまてらすおおみかみ》になる、というのと同じである。王家を遡《さかのぼ》れば神話の神に辿《たど》り着くというのは、ギリシャ神話ほど明確な形ではないがゲルマン神話でも同様である。世界中でこのような構造が多かったのだろう。しかし、そのうち一神教などが出てくるとこれが崩れ、世界中で神話は現実の世界から切り離され、神話だけの物語になってしまう。シナでも司馬遷《しばせん》（注5）が『史記』を書くと、神話の世界などはどこかに行ってしまった。

気がついてみると、世界中の文明国で神話の世界からの系図を守り続けているのは日本だけになっていた。いまの中国人が「黄帝《こうてい》（注6）以来四千年のシナ文明」とか、コリア人が「檀君《だんくん》（注7）開国以来四千年の国」などと言っているのは、明治以降、日本に留学したシナ人やコリア人が、日本の「神武紀元二千数百年」というのを真似て言い出したものである、と歴史家の岡田英弘氏も指摘している。日本では神話の最後が神武天皇で、そこから唯一の王朝が続いている。しかしシナ大陸や朝鮮半島のように、王朝や民族の連続性がないところでそういう言い方をしても始まらないだろう。それは「ヨーロッパ文明六千年」と言うようなものだからである。

だから、日本文明がユニークだというのは日本が特殊なのではなく、他の民族たちが守ってこられなかった伝統が純粋な形で残っているということにほかならない。

これは、他国では伐採《ばっさい》されてしまって新しい杉の木しかないのに、日本には樹齢数千年もの屋久杉《やくすぎ》が残っているというのと似ている。

（注1）**柿本人麻呂**（生没年未詳）万葉集の代表的歌人。三十六歌仙の一人。持統《じとう》（在位六九〇〜六九七）・文武《もんむ》（在位六九七〜七〇七）両天皇に仕えた。長歌の形式を完成させ、短歌も数多く残し、歌聖《かせい》として称えられる。

（注2）**頼山陽**（一七八〇〜一八三二）江戸後期の儒学者・歴史家・漢詩人・書家。大坂

から江戸に出て経学《けいがく》・国史を学び、のち京都に上って私塾を開く。著書『日本外史』『日本政記《にほんせいき》』は幕末における歴史観に大きな影響を与え、尊王攘夷《そんのうじょうい》運動の思想的背景となった。他に『日本楽府』『山陽詩鈔《さんようししょう》』などの著書がある。

（注3）**聖徳太子**（五七四〜六二二）　厩戸皇子《うまやどのみこ》。叔母・推古《すいこ》天皇の摂政《せっしょう》として冠位十二階・憲法十七条を制定し、集権的官僚国家の基礎を築いた。また、隋《ずい》に使節を送って（遣隋使）国交を開く。仏教に帰依《きえ》して「三経義疏《さんぎょうぎしょ》」を著し、法隆寺・四天王寺を建立《こんりゅう》するなど仏教振興に尽くした。「日出る処の天子、書を日没する処の天子に致す」は隋の煬帝《ようだい》に送った国書の文面で、冊封を拒否し、隋との対等外交を宣言したもの。

（注4）**トロイ戦争**　ホメロスの叙事詩『イリアス』ほかに描かれたギリシャ神話上の戦争。トロイの王子パリスに誘拐されたスパルタ王妃ヘレネを奪還するため、ミュケナイ王アガメムノン率いるギリシャ軍が包囲十年目に、巨大な木馬に兵を潜ませてトロイに潜入し、一夜で陥落させた。

（注5）**司馬遷**（前一四五頃〜前八六頃）　前漢の歴史家。父・司馬談《しばたん》の志を受け継ぎ、途中、匈奴《きょうど》に降伏した李陵《りりょう》を弁護して武帝の怒りを買い、宦官《かんがん》にされたが、その屈辱に耐え、紀伝体の歴史書『史記』を完成させた。個人を主題とした「列伝」という歴史記述方法は司馬遷独

自のもの。これ以後、紀伝体がシナの歴史記述方式の標準となった。

（注6）**黄帝**　古代シナ伝説上の帝。神話上の神・蚩尤《しゆう》と戦ってこれを滅ぼし、神農《しんのう》氏に代わって天子になった。『史記』では開国の帝王として描かれる。清朝末期には漢民族が黄帝即位の年を起源とする暦「黄帝紀元」を用い、清朝への対抗意識を示した。

（注7）**檀君**　朝鮮神話上の王の称号。檀君王倹が紀元前二三三三年に檀君朝鮮を開いたとされる。現代韓国では、その即位年を元年とする「檀君紀元」が一九六一年まで公式に用いられていた。

いまも生き続ける日本の神々

次は神道について考えてみる。

私は昭和四十三年（一九六八）に、フルブライト・ヘイズ法（米教育交流計画）によって教授として一年間、アメリカの六大学を回って講義したが、その帰りにギリシャに立ち寄り、スニオン岬の突端にポツンと一軒だけあるホテルに約二週間滞在した。

ホテルの前は泳ぐのに最適な海でそこで泳いでいると、岬にギリシャ神話の海の神であるポセイドンの神殿の遺跡が見える。神殿の柱が立っているのである。実際に遺跡のある場所まで登ってみると、そこに至る道には高い木がなくて、腰あたりまでの茨《いばら》がずっと続いているような景色だった。人の姿もない。朽ち果て、寂れていた。

日本に帰った直後、家族を連れて宮城県の石巻《いしのまき》に行ったところ、ちょうど塩釜《しおがま》神社のお祭りが行なわれていた。塩釜神社は、ポセイドンと同じく海の神様を祀《まつ》っている。木々が生い茂っているなかに木造の神社があり、町を挙げて祝っている。日本では〝ポセイドン〟が市民とともに生きていることに感慨深いものがあった。

その数日後、子供たちを連れて、牡鹿《おが》半島の東南約一キロメートルの洋上に浮かぶ小島、金華山《きんかさん》に行った。そこには鬱蒼《うつそう》たる森林が残っていて、島ができてからいままで伐採されたことがないのではないかと思うほどだった。金華山の頂上には金華山神社やその末社もいくつかあり、手入れが行き届いた木造のままで残っている。集会所のようなところでは漁師らしい人たちが祈禱《きとう》をしていた。

山を下りてきて帰りの船を待ちながら少し泳いでいる間に、そこから見える鬱蒼とした森林は、つい一週間ほど前にギリシャの禿《は》げ山のなかに見えた遺跡とはあまりにも違っていた。ギリシャの遺跡は異民族が次々と入り込んできたため祀る人がいなくなり、木も伐《き》られ、荒れ果ててしまったのだろう。日本では祀る人間も祀られる神様も絶えたことがない、純粋な日本人がずっと生きているから神様も森林とともにずっと生き続けているのだと実感し、感激させられたものである。

日本化された仏教

最後に、日本化された仏教について考えてみよう。神道が生きているところに仏教が入ってきた時、最初は少し摩擦《まさつ》があったものの、やがて本地垂迹説《ほんじすいじゃくせつ》というものができた。これは、様々な仏が日本では八百万《やおよろず》の神々となって現れたという考え方で、そのため仏教は日本独特のものとなった。

古い宗教があるところに新しい宗教が入ってきて、それが融《と》け合って根づくというような例は世界にあまり類がないのではないか。日本固有の文明としか言いようがないのではないか。

皇室と神道の関係についても触れておこう。日本には神話から続く皇室がある。つまり、皇室がなければ神様もいないということだ。しかも、日本の神様たちは天皇よりも偉くはない。これについては、私は子供の頃に実感している。

私の家の庭には小さな屋敷稲荷《やしきいなり》があって、縁日などになると「正一位稲荷大明神《しょういちいいなりだいみょうじん》」と幟《のぼり》を立てて油揚げをお供えしたりした。私は子供だったので、てっきり「しょういち」稲荷大明神で自分の名前と同じだと思っていたのだが、姉に「それは違う」と言われて非常に不満だったことを覚えている。

「正一位」とは、皇室からその位をもらっているという意味だ。ということは、神様より天皇のほうが偉い。

ただし、その天皇陛下も頭を下げる神社が二種類ある。一つは皇室の先祖を祀っている伊勢神宮や明治神宮、応神《おうじん》天皇（注1）を祀る八幡宮《はちまんぐう》など。もう一つが靖國神社だ。

戦前、『靖國神社の歌』というのがあったが、その歌詞には、

「ああ大君の額《ぬか》づき給う

栄光の宮　靖國神社」

とある。天皇陛下も参拝される神社ということで、靖國神社に祀られている人々は天皇陛下の先祖並みの尊さになるという意味があるのだ。

（注1）**応神天皇**　第十五代天皇。在位二七〇～三一〇年。誉田別尊《ほむたわけのみこと》。仲哀《ちゅうあい》天皇の第四皇子。母は神功《じんぐう》皇后。実在性の高い最古の天皇といわれ、その在位時代に大和朝廷の勢力が内

外に飛躍的に増大したと伝えられる。

靖國参拝干渉は日本文明への攻撃

この靖國神社にまつわる涙ぐましい話がある。昭和十六年（一九四一）、第二航空戦隊がウェーキ島を攻撃した時、航空母艦に帰還できなくなった飛行機があった。一機に二人搭乗していたが、その二人から航空母艦に「戦死なりや」という電信が打たれた。つまり、「自分たちは戦死扱いになるのかどうか」を問うてきたのだ。

敵に位置を知られないよう航空母艦からは電信を打ってはいけないことになっていたが、それを見た山口《やまぐち》多聞《たもん》司令官はかまわんと言い、「戦死なれども生きて帰れ」と電信を打った。

結局、その二人は着艦こそできなかったものの海に着水して助かった。そこで「なぜ『戦死なりや』という電信を打ったのか」と聞かれて、「戦死でなくなると靖國神社に祀ってもらえなくなると思い、心配になった」と答えたという。

これが当時の兵隊たちの九九パーセントの思いである。だから、靖國神社参拝反対などという輩《やから》は日本人の敵だと言っていい。自分が死ねば、神様よりも偉い天皇陛下すらも頭を下げてくれるご神体になるのだという切実な思いを、兵士の誰もが持っていたのだ。

最近になって、故富田朝彦《とみたともひこ》元宮内庁長官がつけていた「富田メモ」をはじめ、昭和天皇のご発言を記録したとされるものが多数、発見されている。

「富田メモ」は、A級戦犯を靖國神社に祀っていることに「昭和天皇が不快の念を示された」とし、大きく報道された。しかし、天皇陛下のお言葉は「公人」としてのお言葉しか「天皇」のお言葉とは言えないのである。

たとえば、裁判官が「あの被告は感じが悪い」と仲間内で話したところで、それが判決に作用することはない。それと同じだ。

「私は　或る時にA級が合祀《ごうし》され　その上　松岡、白取までもが」と天皇陛下が呟《つぶや》かれたとしても、それは公人としてのご発言ではない。しかも崩御《ほうぎょ》の数カ月前のことだ。重病人のつぶやきの一部である。筆記するほうも、「白取」(実際は「白鳥」)などと書くようでは知識があやしい。しかも、その手帳の日付の日には天皇がそういう話をなさる機会がなかったという指摘もある。

お元気な時に、戦犯とされる人たちについて木戸幸一《きどこういち》内大臣に言われたとされる「彼らにとっては敵であっても私にとっては忠義の者だった」というご発言のほうが、昭和天皇の様々な機会のご発言や御製《ぎょせい》と一貫している。さらに言えば、天皇のお言葉として本当に重要なのは詔勅《しょうちょく》である。

昭和天皇が靖國神社への公式参拝を止めたのは、A級戦犯が合祀されているからだとする論調がある。しかし、昭和天皇が公式参拝を取り止められたのは国際的な騒ぎを避けるためだ、と解釈しなければならない。首相の公式参拝でもあれだけの騒ぎになるのだから、昭和天皇が公式参拝されれば大騒ぎになるとお考えになったのだろう。

ただ、昭和天皇は公式参拝こそ控えられたが、それ以後、毎年、例大祭《れいたいさい》に勅使《ちょくし》をお送りになっている。旧皇族の竹田恒泰氏は、これを素晴らしい政治的ご判断だと言っていらっしゃる。勅使というのは、天皇の名代《みょうだい》として儀式を執り行なうので、天皇御自身が参拝されるのと同じ意味を持つ。迎える側も天皇陛下をお迎えするのと同じようにご対応しなければならない。この勅使の意味が幸いにも朝日新聞の記者にはわからないので、問題にしなかっただけだ。

そして現在でも勅使の参拝は続いているので、天皇陛下の参拝は続いているということになる。

現在でも、首相の参拝に対して中国は大騒ぎするが、これは異文明による日本文明に対する攻撃として受け取り、日本は断固としてはねつけなければならない。キリスト教から文句を言われたらイスラム教ははねつけるし、イスラム教から文句を言われたらキリスト教がはねつけるのと同じことだ。これくらいの激しさで反発しなければいけない。外務省のチャイナスクールなどは、これが日本の文明だということがわかっていないから、中国のご機嫌をとるような愚行に走る。

このように、日本の皇室および神道、さらに日本仏教は、世界遺産として世界中に守ってもらう権利があるほど尊いものだと私は思う。

男系でなければ皇統は守れない

では、世界遺産とも言うべき日本文明は何によって保たれてきたか。これは、「男系でなければ系統は保てない」という日本人の先祖の直感だと思う。

日本には国造りの神話というものがある。天から日本人の先祖が降りる時、天照大神は、

「豊葦原《とよあしはら》千五百秋《ちいほあき》の瑞穂《みづほ》の国は、是《これ》、吾が子孫《うみのこ》の王《きみ》たるべき地《くに》なり。爾皇孫《いましすめみこ》、就《い》でまし

て治《い》らせ。行矣《さきくませ》。宝祚《あまつひつぎ》の隆《さか》えまさむこと、当《まさ》に天壌《あめつち》と窮《きわま》り無けむ」という神勅《しんちょく》を下された。日本は農業のためによい国だから、そこで栄えなさいという命令である。

これは、キリスト教やイスラム教などの一神教の国に対する考え方と異なる。旧約聖書では、神様が世界を作り、人間にそれを使いなさいと言っている。日本の場合は、ある土地に行きなさい、そこは農業によい土地だからそこで栄えなさいと言っているのである。発想が違う。

日本人が日本人だと意識した時、日本語が日本語として成立した時、日本は農業に適した国だという発想がすでにあったのだ。

農業を行なううえでは極めて自然なことではあるが、日本人には「種」と「畑」に対する感覚が明確にあった。当たり前だが、稲の種はどこに植えても稲になり、麦の種はどこに植えても麦になる。しかし、畑は植える種によって稲が実ったり、麦畑になったり、ヒエが生えたりする。

系統を考えると、どうしても種でなければそれを守れないということを日本人は身に染みて知っていたのである。そして、種を残すためには父親を辿っていかねばならないというのが日本人の直感だった。

これは遺伝学的にも理に適《かな》っている。日本人は知っておくべきことだと思うが、今上《きんじょう》天皇陛下が、桓武《かんむ》天皇（在位七八一〜八〇六）の母君のご先祖は百済《くだら》の王女であるから皇室には百済の血が入っている、というようなことをおっしゃったことがある。これは嘘ではないにしろ、非常に誤解を招くご表現だったと言わざるを得ない。

性染色体は、男性はXYであり、女性はXXである。天皇と百済の王女に男性の子供が生まれる時は男性側からYが受け継がれ、女性側からXが受け継がれる。これがいわゆるハーフの男の子XYとなる。しかし、このハーフの方が純粋に日本人の女性と結婚して生まれた男の子は、ずっと受け継がれてきたYと日本人女性のXを持つことになるから、百済のXは消える。

このような皇統《こうとう》に女性側の遺伝子は関係がないということを、日本人は本能的に知っていたのである。

「皇室典範」は皇室の家法

最近、西部邁《にしべすすむ》氏が「天皇は女系でもいいではないか」というようなことを言った。しかし、これは相続というものには二種類あるということを重視していない発言だ。

一つは系統の相続、もう一つは家産の相続である。系統の相続とは「種」の相続だから、男系以外にはあり得ない。家産の相続は、西部氏も言われるように大阪の大商人が娘と番頭を結婚させて家を継がせるというようなやり方がある。家に財産が残ればいいわけだ。

皇室は系統、つまり種が重要になる。戦国時代は大名が戦いに一所懸命で皇室に貢《みつ》がなかったため、皇室は貧乏でろくな家産もなかったが、だからといって皇室が尊敬されないというようなことはなかった。戦国武将の今川義元《いまがわよしもと》も織田信長も武田信玄も、早く京に上って天皇を奉《たてまつ》りたいと考えて戦《いくさ》をしたのだ。

徳川時代になってからは、八百万石と言われていた徳川に対して、その頃の皇室は三万石の大名程度の規模だったと言われている。二百倍以上も財産の差があれば、普通なら歯牙《しが》にも掛けないはずだが、将軍は皇室から位をもらっていた。朝廷からの勅使といえば、徳川将軍も緊張する。その緊張のとばっちりが「松の廊下」の事件で、赤穂《あこう》四十七士の話に繋がっていく。

小泉純一郎内閣の時に、「皇室典範《こうしつてんぱん》に関する有識者会議」が行なわれた。そこでは長子相続、しかも女系も認めるということになった。当時の状況としては、皇太子殿下の次は愛子さまが天皇になられるということを決めたも同然だったから、私たちは非常な危機感を持った。

なぜならば、愛子さまの時代になると皇族にはしかるべき男子がいないということになる。歴史的には、愛子さまのようなお立場の方と皇族の男子がご結婚されて、その皇族の男子が天皇になられ、愛子様は皇后になられるというのがオーソドックスな方法だ。しかし、皇族に男子がいなくて愛子さまがご結婚されなければ、そこで皇統は絶たれる。皇族でない方とご結婚されても皇統の種は絶えるのである。種が絶えた皇室を日本人が崇《あが》めることができるだろうか。

そんなことになれば戦前、コミンテルンによって日本共産党を使い、「皇室を潰せ」と命令したスターリンの高笑いが墓のなかから聞こえてくるだろう。

現在は悠仁《ひさひと》さまがお生まれになったため、この危機は回避された。しかし、本気で日本文明を守るつもりならば、旧皇族の皇籍復帰をも考えねばならない。

明治時代の皇室典範は実によくできていた。第五章の憲法問題の項でも触れたが、主権のない時代に作られた日本国憲法はいったん無効にし、明治憲法に戻って、それを改正すべきである。そうすれば皇室典範も明治のものに自動的に戻せるので、皇族を復活させることができる。

皇室典範は皇室の家法である、と伊藤博文《いとうひろぶみ》が明確に言っている。天皇陛下ですら変えることができない、連綿《れんめん》と続いてきた家法である。これを守り、皇統を守ることが、日本文明を守り続けるためには重要なのだ。

小泉内閣での有識者会議は皇室の家法を論ずるのに、皇室の意見を徹底的に排除していた。あたかも異文明の日本文明を潰す企《たくら》みに手を貸そうとしているが如くに。

第12章

日米安保の効力がなくなる日

アメリカとの協調

東條英機《とうじょうひでき》首相が宣誓供述書で述べているように、大東亜戦争において日本は常に受け身であった。石油を止められ、侵略の危機に瀕《ひん》したために戦う以外になかった、と東條首相は言っている。つまり、日本が主体的に動かずとも世界の大勢は動いていた。

また、日本の敗戦直後は、アメリカとソ連は手を結んでいた。いまから考えれば笑うしかないが、アメリカは先の戦争を「ファシストの国」vs「民主主義の国」の戦いだと言い、その「民主主義」の国のなかにスターリン率《ひき》いるソ連が入っていたのである。

だからこそ、マッカーサーが主導した東京裁判にはソ連の判事と検事も入った。これが非常に裁判を難しくし、日本にとっては到底納得できない判決を導く要因にもなった。

ところが、昭和二十三年（一九四八）六月にベルリン封鎖（注1）が起こったあたりから、東西の対立が激しくなってくる。そして、東京裁判から二年も経たないうちに朝鮮戦争が起こった。朝鮮戦争は東西の対立の構図と、その末端では火をも噴くということを明らかにしたものだった。

前に述べたように、そういう状況下で、アメリカを中心とする西側諸国は早く日本を独立させて西側に取り込んでしまおうと考え、朝鮮戦争が始まるとすぐ対日講和の話が進み、一年三カ月ののちにはサンフランシスコで講和条約を調印したのだ。もし、東京裁判があと二年長く続いていれば日本人は皆、無罪になったと思う。A級戦犯処刑もなかったはずだ。

サンフランシスコ講和条約が締結されて以降、日本の外交政策は明確に西側に組み込まれた。つまり、アメリカに組み込まれたということである。

事実、講和条約が締結されたと同時に吉田茂首相が結んだ日米安全保障条約は、アメリカの軍隊が実質上、進駐軍のように日本に居座るという内容だった。これに対して、もう少し日本の独立性を高めようと日米安保を対等に近い条約の形にしたのが、岸信介《きしのぶすけ》首相が結んだ新安保条約である。ご存知のように、この新安保条約がいま現在まで続いている。

前にも述べたが、岸首相は非常に勉強家で、東京帝国大学法学部法律学科で独法を学んだ関係もあってか、戦前からドイツについてよく研究していた。だから日本のような資源のない国は、アウタルキー（自給自足ができる経済政策）と称するブロック経済化の世界のなかではドイツに倣《なら》って、国家社会主義的な経済政策を行なうより仕方がないという洞察を持っていた。

戦後も政界に正式に復帰する前にドイツに行っており、そこでアデナウアー首相の影響を大きく受けたと見られる。岸首相、つまり自由民主党の政策の要《かなめ》は、前にも述べたように外交と防衛はアメリカとともにある、経済は統制を外して自由経済・自由貿易、政策としては共産党とは対立するということで、これはアデナウアー首相の政策と同様だった。

その後、日本は六十年間にわたり一貫して、日本外交においてはアメリカと歩調を合わせるのが基本であり、よい内閣とは歩調の合わせ方がうまい内閣のことを指した。

佐藤栄作首相はアメリカと上手く付き合って沖縄返還を実現し、中曽根康弘首相は「日本列島は不沈空母だ」と発言してレーガン大統領と「ロン・ヤス」の関係を築いた。小泉純一郎首相は9・11同時多発テロにおいていち早くアメリカを支持したので、日本の歴代首相がかつて受けたことのないような厚遇を受けている。

このように、アメリカと密な関係を築き、上手く歩調を合わせた内閣は、日本外交を考えた時、また日本の存立のためにもたしかによい内閣だったと思う。

（注1）**ベルリン封鎖**　第二次世界大戦後の一九四八年（昭和二十三）、暫定《ざんてい》分割占領中のドイツで、自国の権益を主張するソ連が米英仏の占領地区からベルリンに向かうすべての交通路を封鎖した事件。翌年、封鎖は解除されたが、翌年、ドイツは東西に分裂が決定。東ドイツは西ドイツへの移動を封じるため、六一年（昭和三十六）にベルリンの壁を建設した。八九年、東ドイツで出国が事実上自由化されたのを機に、東西の市民によってベルリンの壁が打ち壊され、冷戦終結を印象づけた。翌九〇年、東西ドイツ統一。

占領軍によってアジアを忘れた日本

しかし、ここに大きな盲点が一つある。

戦前の日本は、アジアの問題に押しひしがれんばかりであった。日清戦争の前には中国の軍艦が日本に来てデモンストレーションを行ない、朝鮮半島では内乱を抑えるために清国が介入して日本大使館を襲い、日本人が多数殺されるということが一度ならず起こった。その後も、北清事変、日露戦争とアジアの国々に関係する問題に頭を悩まされてきた。その安定的解決が満洲国の独立であったが、ソ連を背後に持つ反日運動、ついにはシナ事変へと引き込まれていったのである。

ところが戦後は、占領政策によって日本はアジアのことを完全に忘れることを強要された。だから、フィリピンやインドネシアやミャンマー、インドの独立に対してさえ、日本人はほとんど無関心だった。

これは戦後、アメリカが日本の外交権を全て正式に剝奪《はくだつ》し、大使館や公使館の資産を没収したためで、アジア各国に関心の持ちようがなかったのである。

もちろん、朝鮮戦争には間接的に関係があったと言える。軍需景気という表面的な関心と、重工業復興という内面的な契機にはなった。しかし、朝鮮戦争自体は日本がどうすることもできない問題だった。

そういうわけで、明治時代には最大の関心事であったシナ大陸で何が起ころうとも、知ることもできないし、知ろうともしなかった。

そしてまさにその時、大陸では大変化が起こっていたのである。

国民党の蔣介石《しょうかいせき》が共産党に敗北して台湾に逃げ込んだが、もともと台湾にいた本省《ほんしょう》人《じん》は日本流の法治に慣れていたため、外省人《がいしょうじん》の野蛮なやり方に我慢できず反乱を起こした。当時、台湾人は「犬が去って豚がきた」と言った。田河水泡《たがわすいほう》の漫画『のらくろ』は台湾でもよく知られていた。野良犬の黒吉が軍隊に入り出世していく物語である。規律正しい日本兵は「犬」であり、規律なく貪欲《どんよく》な中国兵は「豚」として描かれていたのである。日本統治下五十年で、台湾はかつての「瘴癘《しょうれい》の蛮地」ではなく、インフラも教育も先進国になっていたのである。そこにかなり程度の低い大陸から、モラルの低い中国兵がやってきたのだ。台湾人、特に高い教育を受けた人たちにはこれが我慢できなかったのである。結果、蔣介石は約三万人もの教養の高い台湾人を殺害した。

この蔣介石の大陸での敗北から始まり、台湾への逃走に続いて行なわれた台湾での圧政についても、日本は風の噂に聞く程度で、コミットしようにもできない状態だった。

一方で、毛沢東《もうたくとう》は米ソ冷戦構造がうまく働いて、着々と力をつけていく。ソ連はアメリカと対抗するために、満洲や旅順を引き渡して中国と手を結んだ。その頃、ソ連は第五次五カ年計画、中国は第一次五カ年計画を進めている最中だった。

これについても日本は関心を持ちようがなかった。

私が昭和三十三年（一九五八）にイギリス留学から帰国した折、帰りの船のなかで話題になっていたのはスエズ危機だった。

スエズ運河の莫大な通行料を得ていたイギリス、フランスに対抗するために、エジプトのナセル大統領は運河の国有化を示した。それが面白くないイギリスとフランスはイスラエルを絡めた露骨な侵略を試みたが、ソ連に脅されてスッと引いてしまった。

貨客船のなかで隣りの客室にいたのが、当時、東大駒場キャンパスの経済学か社会学の助教授だったドイツ帰りの人だったが、彼は「中国は正しい基盤の上に立っているから、素晴らしい発展をする」と言っていた。しかしその後、当時の「大躍進」を行なった毛沢東の政策は大失敗で、数千万の中国人が餓死したと報じられている。その東大助教授も大躍進政策を賛美していたことは忘れ難い。

そして日本には、左翼を中心として、そのような「中国は大躍進の時代で物凄く勢いのある国である」という説が入ってきていた。社会党などが招かれて中国に行き、「大躍進」とやらを見て「毛沢東精神で稲を植えれば田んぼの上を歩けるくらいの稲が実る」とか、「毛沢東精神で鉄鋼生産が増大している」ほど凄いのだと吹聴《ふいちょう》して回った。それをまた大新聞が報じていたのである。

この時、東工大教授の桶谷繁雄《おけたにしげお》氏が「いま中国で作っているような鉄は、鉄鋼学では鋼鉄と言わない」というような論文を書かれたのがとても新鮮だったのを覚えている。それくらい、毛沢東神話が日本に蔓延《まんえん》していた。

「毛沢東精神」とは平等主義のことだから、地主をなくすために彼らを殺し、資本家も殺した。そのせいで農業も含めて原始的な産業しか残らず、人口がいかに増えようとも〝地球環境には関係がない〟という結構な状況だったのである。

しかし、この毛沢東の「大躍進」が間違いであったということになり、チベットの反乱などの問題もあって、まず毛沢東が退いた。

そして、ベトナム戦争が終わったあとに中越《ちゅうえつ》戦争（注1）が起こる。この戦争で中国はベトナム軍に負けてしまった。

（注1）**中越戦争**　中国とベトナム（越）の間で行なわれた戦争。一九七九年（昭和五十四）、ポル・ポト政権による恐怖政治が行なわれていたカンボジアに、統一ベトナム（ベトナム社会主義共和国）が侵攻し、ポル・ポト派を追い出して親ベトナム政権を樹立すると、ポル・ポト政権を支援する中国がソ連を後ろ盾とするベトナムに侵攻を開始した。中国軍は一カ月ほどで撤退。

中国はベトナムに負けて本気になった

中国の真の変化が始まったのはここからである。本気で近代化しなければならないと考えて、一度引退した毛沢東が復活した。

毛沢東はそもそも、原爆を開発する、宇宙に出る、海洋に出るという基本方針をもって高い理想を掲げていたのだが、「大躍進」のような政策を続けていては宇宙に出られるわけがないから、ベトナム軍に負けてからは本気になった。

そして文化大革命を起こした。孔子の像を含めた文化、歴史、宗教、学問、とにかく全てを徹底的に破壊しつくしたのである。

毛沢東が亡くなったあとは、鄧小平《とうしょうへい》が出てきた。文化大革命で吊《つる》し上げられる側にいた鄧小平は、方針を変えて台湾に目を向ける。

戦後、鮮やかな経済発展を遂げ、先進国の仲間入りをしたのは台湾と韓国だった。いずれも日本がかつて統治した国で、日本の置き土産のインフラと経済のノウハウが大きかった。

大陸のシナ人は台湾を自分たちと同じ民族であると思い込んでいるから、鄧小平はどうしてこんなにも差がついたのかと考えた。

中国も台湾のようになろうとしてふと気がついてみると、中国には資本がない、経営者がいない、技術がない。そこで鄧小平は、「白い猫でも黒い猫でもネズミを獲る猫はいい猫だ」、つまり儲《もう》けるやつがいいやつだと言った。

この方針を聞いて、安い労働力を求めて世界中から資本が流れ込んだ。技術が流れ込んだ。これが成功した。

昔から彼らが作った工芸品を見てもわかるように、シナ人は他のアジアや中東の国と違い、労働に対して勤勉な習慣はあった。働いて儲けたいという気持ちが強い国民なので、誰も想像だにしなかった経済成長が始まった。資本も経営者も技術もゼロの状態で始めたのだから、驚異の発展と言える。

しかし、そこで天安門《てんあんもん》事件（注1）が起こる。これは中国の経済成長にとって大きなブレーキとなるはずだった。が、なぜか当時の宮澤喜一《みやざわきいち》内閣は中国の策略に乗って、天皇陛下を訪中させた。世界中から閉め出されかけていた中国を国際社会に戻したのは、宮澤内閣だった。

それ以降の中国は、日本を朝貢国《ちょうこうこく》の如く見下す態度をとり始め、戦後日本の復興に匹敵するような高度経済成長を続けているのはご存知のとおりである。

この中国の経済発展によって、東西冷戦時代とは全く違う状況が生まれた。

アメリカとソ連が敵対していた時には、ソ連にアメリカの資本が入るなどということはあり得なかった。完全に睨《にら》み合いの状態だったのである。

そしてソ連は崩壊した。このソ連崩壊について、日本はアメリカと同じように安心してしまった。左翼が怖くなくなったという錯覚を起こしたのだ。アメリカでもフランシス・フクヤマという日系三世の男性が、『歴史の終わり』という本を書いて評判になった。イデオロギーの対立はなくなり、アメリカ一国支配の時代になるという予感を持たせる本であった。

前にも述べたが、この時こそ、親玉のソ連が崩壊して日本の左翼は声も出なくなっていたのだから、自民党は立党の精神に戻って三分の二の議席を取り、憲法改正を行なわなければならなかった。

にもかかわらず、小沢一郎氏が自民党の内部分裂を引き起こして次々と新党ができ、ついに社会党の村山富市《むらやまとみいち》氏を担《かつ》いだ内閣ができた。その年に、中国はこの年二回目、通算四十二回目の地下核実験に成功している。

技術の発展はとても速い。昭和十五年にできた零戦は日本が誇る素晴らしい戦闘機だったが、その十年前、満洲事変以前に日本にあった飛行機など戦争には使い物にならないような代物《しろもの》でしかなかった。それが僅か十年の間に、世界一優秀な戦闘機ができてしまうのである。

その技術発展のスピードは、いまはもっと速くなっている。技術は輸入できるし、学生を留学させればいくらでも学べる。

おかげで中国はどんどん技術力をつけ、ついに有人宇宙飛行を行ない、衛星を撃ち落とすまでになった。これでアメリカでさえ、中国と戦争ができない雰囲気が生まれるまでになっている。

一方、経済では安い労働力ながらもカネを貯め、気がついてみたら日本よりも多くアメリカの国債を持ち、外貨もふんだんに稼いでいる状況になった。そして、アフリカにマーシャル・プランの中国版を実施して資源確保に走っている。

そして軍事力は二桁《けた》成長を約二十年以上も続けている。しかも、これは統計に表れた数字でしかなく、実際はもっと大きなカネがつぎ込まれているという説がある。

ここで、一つ重大な日本政府の立場の変化を指摘しておかなければならない。

それは昭和六十年（一九八五）以来、日本政府は公式に「日本は東京裁判を受諾《じゅだく》して国際社会に復帰したのであるから、その判決に沿った外交をしなければならない」という主旨のことを公然と言い出したことである。これは真っ赤な嘘である。

日本は東京裁判を受諾して国際社会に復帰したのではない。日本はサンフランシスコ平和条約を締結して国際社会に復帰し、五年後に国連に加盟、その翌年には国連の非常任理事国に選ばれたのである。

サンフランシスコ平和条約は「和解」と「信頼」の精神によって締結され、その条文では戦争責任には触れず、どうして戦争が起きたのか、またどっちが悪かったかも述べていないのである。だからこそ日本の全権代表であった吉田茂は、「日本の名誉を維持しえた条約である」という主旨のことを述べているのだ。ただ平和条約第十一条には、「日本政府が東京裁判などの諸判決を受諾し……」とあるのと、「諸判決」を「裁判」と誤訳した文章が独り歩きし出したのである。

第十一条は、戦犯の個人個人に対する判決の継続を約束したものにすぎない。それは「A級戦犯で終身禁錮《きんこ》刑の判決を受けた者たちなどを、平和条約の締結と同時に釈放するな、釈放するなら第十一条後半の手続を経て行なえ」ということなのである。

日本政府は議会の手続を踏んで全員を釈放し、無罪としたのである。それで終わったのだ。東京裁判自体は、日本国を裁いたものでも、日本人全体を裁いたものでもない。

それで、A級戦犯として終身禁錮刑の判決を受けた賀屋興宣《かやおきのり》（東條内閣の蔵相）は池田内閣の法務大臣になったし、禁錮七年の判決を受けた重光葵《しげみつまもる》（東條内閣の外務大臣、小磯内閣の外務大臣・大東亜大臣）は鳩山一郎内閣の副総理、外相となり、日本が国連に加盟した時はその資格で総会に出席し、その時の演説で「日本は東西の懸け橋になる」と述べ、喝采《かっさい》を受けている。第十一条は問題でなくなっているのである。

さらにつけ加えれば、サンフランシスコ平和条約の翌年、日本は中華民国政府と平和条約を結んだが、その際、日本の河田烈《かわだいさお》と中国の葉公超《ようこうちょう》は議定書を交わし、サンフランシスコ条約の第十一条は除外すると断っているのである。

それが、後藤田正晴《ごとうだまさはる》氏が政権に入りこんだ頃から、外務省は「日本は東京裁判を受諾して国際社会に復帰した」などと嘘を言い始め、中曽根内閣で小和田恆《おわだひさし》氏が政府委員としてその趣旨の発言をしたため、それが日本政府の公式見解になってしまった。そして、対中国ペコペコ外交の根拠とし出したのである。これが日本のハンデキャップ国家論として現代も続いている。これは明らかに、吉田茂や当時の外務省の正しいサンフランシスコ条約の理解をひっくり返した国賊行為である。村山談話もその路線上にある。

（注1）**天安門事件**　一九八九年（平成元）六月四日、胡耀邦《こようほう》元総書記の追悼デモが民主化

要求デモに発展し、天安門広場に参集した数万人の学生・市民に対して人民解放軍が発砲、多数の死傷者を出した事件。学生・市民側に共感した趙紫陽《ちょうしよう》総書記は失脚し、江沢民《こうたくみん》が後任に選ばれた。鄧小平は民主化デモ隊を「反革命暴乱」分子と呼んだ。

安保条約が機能しない

冷戦時代においては、ソ連は共産主義国家であり、アメリカがソ連から儲《もう》けることはなかったから対立軸がはっきりしていた。ところが、中国は共産主義と称しながらも、アメリカから見れば、独裁主義ではあるけれども共産主義ではない。

アメリカ人が一番好きな種類の原始資本主義であると言える。

だから、いまやアメリカと中国との貿易額は、かつてのアメリカと日本を凌《しの》ぐものになった。アメリカの企業は安い労働力を求めるのみならず、金融までも中国とともに動かす事態となっている。

特にクリントン政権などは、中国から直接、間接に恩恵を受けていたようで、クリントン大統領が訪中する時には日本に立ち寄りもしなかった。これはジャパン・パッシングと言われた。パッシングはバッシングより日本にとってはなお悪い。日本を無視できることを示しているからだ。

冷戦時のアメリカとソ連の関係とは異なり、いま、アメリカと中国の関係がいったいどういうものなのか、日本には判断できない状況になっている。

日本の防衛を考えた時、対立する主要な国はソ連から中国に移っているはずなのに、そこでは日米安保条約が効力を持たない要素がどんどん大きくなっている。

以前、魚釣島《うおつりじま》（注1）を中国人が占拠しようとしたことがあった。その時、モンデール米駐日大使は「尖閣《せんかく》諸島その他で日本と中国が衝突しても、アメリカは安保条約を発動しない」と言った。これに石原慎太郎氏などが抗議し、モンデール大使は罷免《ひめん》された。そしてその後、約半年間にわたって米駐日大使がいないという異常事態が続いたのである。

この事実一つをとってみても、安保条約はソ連との冷戦時代と同じようには機能しないのだと認識しなければならないことがわかる。

北朝鮮が核実験を行なった時も、故中川昭一氏（当時、自民党政調会長）が核議論の必要性を訴えただけでライス国務長官が飛んできて、「アメリカの核の傘」を強調したことがあった。しかし、ライス長官の言葉とは裏腹に、アメリカの核の傘は日本にはかかっていないのである。

常識的に考えて、もし中国や北朝鮮が日本に向かって核を放った場合、アメリカが自らの核を使って報復の核攻撃をするとはとうてい考えられない。

フランスのド・ゴール政権は「ソ連がフランスに核攻撃をしてきた場合、アメリカも核を使うのか」という問いに対してアメリカから確証が得られなかったために、核武装を決めたと言われている。

また、ソ連がSS20という中距離ミサイルを配備した時、イギリス、フランス、ドイツなどの西ヨーロッパの国々は、自国が攻撃を受けた場合にアメリカが報復してくれる保障がないということに気づいた。だから、アメリカのパーシング中距離ミサイルをそれぞれ配備することにしたのだ。それでソ連も中距離ミサイルをヨーロッパから引き、西ヨーロッパも引いて核の恐怖がヨーロッパから一応除かれた。

このように西ヨーロッパの国々が攻撃される場合でさえ、アメリカは報復に核を使う気はないことが知られている。いわんや、日本のために使うわけがない。

この状況のなかで、中国は核、宇宙、海洋において、どんどん軍事力を増大させている。毛沢東は「大躍進」と「文化大革命」において、一説には数千万人の自国民を殺害したと言われている。朝日新聞でも四千万人ぐらいだとしている。

しかしおかしなことに、いまだ毛沢東の肖像画は天安門に掲げられている。この理由を推測すると、毛沢東の時代から核、宇宙、海洋の開発を連綿と続けてきた軍閥《ぐんばつ》が存在するからだと考えられる。

毛沢東精神に則《のっと》って軍事開発を続けている人たちがいるからこそ、あれだけの大量虐殺をした人物の絵が天安門からなくならないのだろう。あの肖像画が天安門からなくならない限り、日本は軍事的に安心できない。

（注1）**魚釣島**　東シナ海南西部（八重山諸島北方）に位置する尖閣諸島最大の島。尖閣諸島は沖縄県石垣市に属し、日本が実効支配しているが、台湾、中国はそれぞれ領有権を主張している。

アメリカが去る時どうするか

では今後、日本はどうすればよいか。

吉田茂首相は新安保条約を結んだ時に、「問題はアメリカが去る時にどうするかだ」と言ったと伝えられている。

日本とアメリカは毎年、安保条約について確認し合っているが、その時にアメリカが「日米安保を止める」と言い始める事態まで想定しなくてはならないだろう。

私は、次のようなことを考えてゾッとしたことがある。

アメリカはイラク戦争でバグダッドを〝解放〟したとはいえ、その後も泥沼の混乱がずっと続いていた。だから、アメリカ国内の世論は米軍をイラクから引き揚げろという声が高まり、中間選挙では共和党が敗れる事態にまでなった。

あの時に、中国が「わが国がアメリカの代わりに五万人くらい兵を出しましょう」と申し出たらどうなったか。アメリカは「では、イラクの治安は中国に頼みます」と言って引き揚げてしまう可能性があったのではないか。少なくとも「では一緒にお願いします」という可能性は十分にある。

このような事態になった時、アメリカが日本との安保条約をどのくらい重んじるかと考えれば、答えは明白だろう。安保条約など無効になる。

この私の「最悪のシミュレーション」に真面目に考えて答えてくださったのが、安倍《あべ》晋三《しんぞう》氏だった。安倍氏は「それが心配なのです」と言っておられた。

私はそれを聞いて、「この方は日本と日本外交を本当に真剣に考えている。こういう方が日本のトップにいるのなら大丈夫だ」とその時、思ったことを覚えている。

平成二十年（二〇〇八）にはヒル国務次官補が、北朝鮮の拉致《らち》問題と核問題は切り離して考えると発言した。これも恐ろしい話で、核問題を切り離そうと切り離すまいと、アメリカには全く関係ないのである。

アメリカはソ連と対立して、お互いが全滅するだけの核武装を保っていた国だ。そのアメリカが北朝鮮ごときの作り出した核が怖いわけがない。ロシアも中国も北朝鮮を怖れることはない。そして韓国では南北統一ができれば、自分たちが核保有国になると感激している向きもあるらしい。

つまり、北朝鮮の核の脅威に曝《さら》されているのは日本だけなのである。さらに、日本はすでに北朝鮮に主権を侵され国民を拉致されている。それらを看過して、石油やカネを北朝鮮に出すわけには絶対にいかない。

そういう日本に対して、拉致問題と核問題を切り離して考えるとアメリカの代表が発言するということは、日本はすでに主要プレイヤーでないと考えられているということにほかならない。日本がどうなろうと知ったことではないという意味である。

ある人の洞察によれば、アメリカは北朝鮮の核で日本の危機感を煽《あお》り、日本に防衛ミサイル網の施設をもっと購入させようという腹づもりなのだという。そういう憶測さえあるのだ。

東にアメリカ、北にロシア、西に中国という核大国に囲まれた日本のいまの状況は、明治維新の頃よりも酷い。

アメリカは今後も中国とは戦争ができない状況が続く。中国は二桁の軍備拡張を続けていく。そうすると、日本は軍事力で押さえつけられて、国際的に何も発言できない状態に陥るだろう。

その状態で、たとえば中国に「尖閣諸島は中国のものだ、沖縄もよこせ」と言われ、本当に中国と揉《も》めざるを得ないことになった時、日米安保を背景に外交ができるかということを考えなければならない。

アメリカは日本を捨てる

いままでの歴史から見て、アメリカは日本側に立ってコミットしないと私は考える。いざとなれば、アメリカは日本を捨てる。

かつてアメリカは蔣介石をたきつけて、のちの東京裁判におけるパル判事の判決文によれば、中立国としてやってはならないレベルの軍事援助をし続け、日本と戦わせた挙げ句、蔣介石を見捨てた。戦争が終わったら日本を疲弊《ひへい》させる必要がないからだ。一方で、ソ連は毛沢東を支援し続けたから、あっという間にシナ大陸は共産主義になった。

その後も、アメリカは南ベトナム政府を捨てている。

そしてもし、いまアメリカがイラクから退《しりぞ》けば、現在のイラク政府の人たちは皆、殺されるだろう。アメリカに捨てられた南ベトナム要人たちのように。

アメリカは中国と対立することになった日本を簡単に捨てる。この可能性を頭に入れておかなければならない。

いまの日本は、「戦略的に考えて日本の存立のためには何をおいてもアメリカとの関係が重要である。日米安保堅持」という岡崎理論、つまり岡崎久彦氏の言われてきたような考えを一歩進める時期にきている。

いままでは岡崎理論は正しかった。しかし、今後は岡崎理論だけでは立ちゆかなくなる可能性がある。

たとえば「従軍慰安婦」問題でも、結局はアメリカの議会を止めることができなかった。アメリカ議会を動かしているのは中国系のカネだからだ。すでにアメリカの議会には中国の毒が相当回り、日本は対アメリカとの関係でも中国に負けている。それはシナ事変の頃の情勢と似たところが表れているということだ。

「アメリカが日本から引き揚げる時にどうするか」という吉田茂首相の言葉をいまこそ思い出して、常に考えておかなければならない。これを考え続けることによってアメリカを刺激することができ、アメリカが日本を捨てることができなくなるような手を打てるようになるだろう。

具体的には、まず議論は核から始めなければならない。もちろん、その核はアメリカに対して使うのではないということを明確にする必要がある。そのためには、日本はアメリカの核に参加させてもらう、つまりニュークレア・シェアリング（核の共同所有）の政策が現実的な提案の一つになるはずである。

さらに武器輸出三原則を廃止し、武器を日本で作ることができるようにしなければならない。特に航空機を造る必要がある。アメリカはF22を日本には売らないと言っているのだから、日本は武器の開発もできるという姿勢を徐々に見せつけなければならない。

かわぐちかいじ氏の漫画『沈黙の艦隊』では原子力潜水艦が活躍するが、あのように原潜をたくさん製造し、太平洋に潜《もぐ》らせる。特に、将来的には核を積んだものを潜らせておくということをちらつかせる。

これらを実現するためには、スパイ防止法などの法整備も必要だ。

これらが整った時に初めて日本は、なめられない、ゆすられない、アメリカに見捨てられない体制ができる。

明治維新の時代、日本は不平等条約をなくすために井上馨《いのうえかおる》（注1）のような維新の志士が、猿真似と笑われながらも欧米文化を学び、愛国心のために命がけで奔走《ほんそう》した。鹿《ろく》鳴館《めいかん》の舞踏会（注2）などは、いまから見れば滑稽《こっけい》だが、当時の人々は必死の思いだったのだ。しかし、それでも不平等条約は続いた。

しかし、日清戦争が終わると状況は一変し、治外法権をなくすことができた。さらに日露戦争のあとには関税自主権の回復にも成功した。

いずれも、強くなければ言い分は通らないということをよく示している。

現在、日本の周囲をぐるりと囲んでいる国々は皆、核を持ち、筋肉を使うという姿勢を見せている。この時、「日本には筋肉がない」という状況では、何を言っても押し切られてしまうことは明白だ。

いま、日本は明治維新と同じくらいの危機に立っているのだという意識を持ち、安保条約はいつなくなるかわからないという危機感を持って、安保条約を維持する態度を示すことが重要だ。そのために、いまこそ日本外交のあり方を抜本的に考え直さなければならないのである。

（注1）**井上馨**（一八三六〜一九一五）　長州藩出身。第一次伊藤内閣の外務大臣として欧化政策をとり、条約改正に尽力した。農商務相・内務相・蔵相を歴任。のち元老《げんろう》となる。

（注2）**鹿鳴館の舞踏会**　欧米諸国に日本の文明開化と欧風化を印象づけ、条約改正交渉を有利に進めるために東京・内幸町《うちさいわいちょう》に西洋風の官設社交場「鹿鳴館」が建てられた。設計はイギリス人、コンドル。明治十六年（一八八三）に完成し、外国からの貴賓や外交官、上流階級を招いての舞踏会などが開かれて欧化主義の象徴となった。鹿鳴館はのち華族会館となり、昭和十五年（一九四〇）に取り壊された。

第13章

民主党政権から第二次安倍政権へ

日本独立反対派の後裔だった民主党政権

安倍晋三総理が平成十九年（二〇〇七）に病《やまい》に倒れ、退陣を余儀なくされると、そのあとを福田（康夫）内閣、麻生《あそう》（太郎）内閣が引き継いだが、党内の内紛や年金記録の杜《ず》撰《さん》な管理が明るみに出たことによって、平成二十一年の衆議院選挙で自民党は大敗。朝日新聞などの〝反日〟メディアの後押しもあり、民主党が第一党に躍り出て、鳩山《はとやま》由紀《ゆき》夫《お》政権が誕生した。

振り返ってみれば、民主党政権の誕生は日本にとって大いなる不幸の始まりであった。元内閣安全保障室長の佐々《さっさ》淳行《あつゆき》氏が言っているように、日本に左派の弱体政権ができると、なぜか日本列島を災いが襲う。平成七年（一九九五）の村山富市《むらやまとみいち》（社会党党首）内閣の下では阪神淡路大震災と地下鉄サリン事件が起きた。平成二十三年（二〇一一）、民主党の菅《かん》直《なお》人《と》内閣のときには東日本大地震および福島原発事故があった。地震と津波までは天災として諦めるとしても、原発事故に関しては菅政権が引き起こした人災というほかはない。

そもそも民主党政権は、旧社会党の流れを汲む政権だった。旧社会党の本質を明確に示すのは、サンフランシスコ講和条約（昭和二十七年発効）に対する姿勢である。講和条約の締結は日本の独立回復、再建への第一歩となる極めて喜ばしい出来事であった。

ところが、当時は朝鮮戦争のさなかにあり、まさに東西冷戦が始まった時期であった。アメリカ主導の講和条約を結べば、日本は自由主義陣営につくことになる。当然ながら、ソ連は猛反対した。日本共産党と社会党はスターリンの意向に従い、「全面講和」を主張して、講和条約の締結に反対したのである。朝日新聞、岩波書店をはじめ、日本の左翼的知識人もこれに同調して、「全面講和か、単独講和か」というスローガンを打ち出した。

そのように言われれば、全面がいいに決まっている。ところが、彼らが「単独講和」と呼んだものはアメリカを含む四十数カ国、絶対多数との講和であり、「全面講和」というのはソ連とその衛星国僅《わず》か二、三カ国を含めるということにすぎなかった。

当時の世界情勢においてソ連とアメリカ、両陣営と同時に講和条約を結ぶというのは不可能で、いつのことになるかわからない。つまり「全面講和」論者とは、日本の占領状態が続くことを願う勢力であるということだ。だから当時の吉田茂首相は、全面講和派の南原繁《なんばらしげる》東大総長を「曲学阿世《きょくがくあせい》の徒」とこき下ろしたのである。

共産党がソ連の命令に従うのは当然として、ではなぜ野党第一党の社会党が講和条約に反対したのだろうか。

いま思えば、その大きな理由として考えられるのは、当時の社会党支持者たちには左翼のみならず敗戦で大儲けした人々、いわゆる〝敗戦利得者〟が加わっていたことである。

敗戦利得者というのは、戦前、コミンテルンの影響下にあったため冷遇されていた岩波書店を本拠とする文化人や学者たち、それから第三国人である。

第三国人は物資不足に苦しむ占領下の日本において、闇《やみ》物資で莫大な利益を得た。日本人に対しては厳しい取り締まりがあったが、第三国人に対しては日本の警察はほとんど手が出せなかったからである（第3章「戦勝国と称した在日朝鮮人」参照）。しかし独立が回復されれば、日本の警察権が戻る。これは第三国人にとってはただならぬことであった。

これは選挙資金その他について在日朝鮮人から多大な援助を受けていた社会党にとっても由々《ゆゆ》しき問題であり、それが「単独講和」反対の理由の一つであったと考えられるのである。

その利害関係は今日、民主党に引き継がれている。民主党が選挙で圧勝し、政権を奪ったときには、党首をはじめ当選者たちは公然と在日に感謝の意を表した。つまり、民主党政権実現に大きな力となったのは、一口で言えばサンフランシスコ講和条約反対派、つまり日本独立反対派の流れを汲む勢力であった。このことをわれわれは忘れてはいけない。

事実、菅元首相は外国人（在日韓国人）からの違法献金が問題視され、議会で問い詰められていた。そのさなかに東日本大震災が起こり、追及は中途半端な形に終わらざるを得なかったのである。

民主党政権の許しがたい犯罪

福島第一原子力発電所の事故に際し、当時の菅首相は東京工大出身というプライドもあってか、震災翌日、直ちに現場に乗り込んでいった。首相に来られたら現場は混乱する。しかも、ただ怒鳴り散らしただけだった。あの事故に対する初動態勢の失敗は、首相の責任が大きいと言わざるを得ない。

さらに菅政権が犯した大きな過ちは、慌てて避難を命じたことである。たしかに津波は死者・行方不明者が二万人を超えるほどの大きな被害をもたらした。しかし福島の原発事故では一人の死者もなく、一人の病人も出していない。放射線が原因で病気になりそうな人もまだ報告されていない。ただ、強制的に避難させられたためにストレスが高じて、老人ホームなどで亡くなった人がいた。死者の多くはストレスが原因であって、決して放射能のためではない。

菅首相は市民運動家の出であるから、もともと原発には反対だっただろう。しかし、組閣時には事実上、日本の三分の一の電気を賄《まかな》っていた原発の問題には一切触れなかった。ところが、いったん事故が起こったら大喜びの体《てい》で原発反対を表明し、まったく問題のない原発をすべて停止させた。これは実に愚かなことであった。

いまでははっきりしていることだが、大地震によって炉が壊れた原発は一つもなかった。福島より震源地に近い宮城県の女川《おながわ》原発でもまったく問題はなかった。福島第一原発は、津波で水をかぶったために電源が止まって水素爆発を起こしたのである。これにしても、菅直人が〝視察〟などに来なければ十分な対応ができ、防げた事故だと語る関係者もいる。

にもかかわらず、菅政権はうろたえて全原発を停止させた。そのため、日本の電力の九〇パーセントは火力発電に頼ることになった。その燃料はすべて外国から来る。その結果、日本の燃料費は一日当たり実に百億円も増大し、それまで何十年間も黒字が続いていた日本の貿易収支はたちまち赤字に転落した（最近は急に燃料代が下がったために、小幅な黒字に戻った）。菅政権は甚大なる経済的な打撃を日本に与えたのである。

一日百億円と言ってもピンとこないだろうが、一例を挙げれば、第二次安倍内閣が尖《せん》閣《かく》問題に対処するために防衛費を一千億円増やそうとしたが、財政的に困難であるということで四百億円くらいに削られた。国家の防衛上、不可欠な尖閣問題のために使える予算が、原発を止めたために外国から余分に買わざるを得なくなった燃料の僅か四日分なのである。日本にこれほど巨額な無駄を強いるようにしたのは、民主党の許しがたい犯罪である。

これは何度指摘しても足りないくらいだが、原爆が投下された広島と長崎では、ほぼ三カ月後から住民が戻り始め、戦後、飛躍的な発展を遂げている。ところが、福島にはまだ住民が戻れないどころか、荒廃する一方にさえ見える。どうして広島や長崎の例に倣《なら》おうとしないのであろうか。

長崎医大の教授、永井隆博士が著《あらわ》した『この子を残して』（アルバ文庫、サンパウロ刊）

に非常に示唆的《しさてき》な記述がある。

原爆が落とされたときに、「長崎には今後七十五年間は人が住めない、草木も生えない」という噂が流れた。自らも被爆《ひばく》した永井博士は放射線の専門家だからそんなことはあるまいと思ったが、何しろ人類初の体験であるから、爆心地に留まって研究を続けられた。そうしたら、三週間後にアリの行列を発見した。三カ月経ったらミミズがわいてきた。

こんな小さな虫が何ともないのなら、その何千倍も体の大きな人間の体に放射線の影響があるわけがない、とほかの学者とも話し合い、三カ月後、避難している人たちに長崎に戻ってくるよう呼びかけた。長崎はそうして、見違えるほどの復興を遂げたのである。広島でも同じように、三カ月後には住民が戻っている。

原爆の放射線そのものによる死者は非常に少なく、そのほとんどは火傷《やけど》が原因である。これはいまだに誤解されていることだが、ケロイドというのは火傷の痕《あと》であって、放射線によるものではない。

広島では、放射線影響研究所という国際的な機関が、何十年にもわたって被曝者《ひばくしゃ》を追跡調査している。その調査によると、被曝者のほうがガンの発生率が低く、奇形児の出生率も高くないという極めて重要な結果が出ている。これは長崎でも同じである。

さらに放射線量については、福島の原発事故は広島に投下された原爆の十七万五千分の一という説がある。だから、人が住んでもどうということはない。広島でも長崎でも除染などしていないのに、なぜ福島で行なう必要があるのか。広島には川がたくさんあり、放射線を浴びた水が広島湾に大量に流れ込んだ。そこはカキの名産地である。ところが、その年からみんながカキを食べている。そして、何の問題も起きていない。瀬戸内海でベクレルを測るような愚かな真似をする人間もいなかった。

まして、福島の先は太平洋の黒潮である。汚染水など、その都度流せば何のことはない。隅田川に耳かき一杯のゴミを流すぐらいの話である。しかし、それを溜めてしまったから問題になった。これも初動態勢がまったくなっていなかったためである。まさに民主党政権がつくり出した国難と言える。

近隣諸国を増長させた鳩山発言

民主党初代総理大臣の鳩山由紀夫も、国家というものがまるでわかっていなかった。彼は「日本列島は日本人だけのものではない」と言い放った。こんな発言をする指導者が、世界にあり得るだろうか。さらに、尖閣諸島を含む東シナ海を「友愛の海」と言った。言葉は美しいが、現実は日本の領海を侵す中国船が跋扈《ばっこ》しているのである。

アメリカの政府高官は、鳩山首相を指して「ルーピー」(loopy)と言った。私は英語学者だからすぐピンときたが、「ルーピー」の語源はループ(loop＝輪)だ。だから、「クルクルパー」というほどの意味である。

おかげでこれ以来、日本はすっかり侮《あなど》られ、まるで嘲笑《ちょうしょう》するかのように尖閣附近に中国船がいよいよ頻繁に現れるようになり、ロシアのメドヴェージェフ大統領が北方領土の国後島《くなしり》に、韓国の李明博《イミョンバク》大統領が竹島にと、領土問題で揉めている島に相次いで上陸した。それまでは遠慮していたのが、領土問題に対してまったく見識のない軽薄な政府であることがわかった途端に、既成事実を積み上げ始めたのである。

そうして平成二十二年(二〇一〇)、中国漁船体当たり事件が起きた。日本の海上保安庁の巡視船に中国漁船が故意にぶつかってきた事件である。海保は漁船の船長を逮捕したが、中国の強硬な抗議に漁船と船員を返還し、さらに船長も処分保留で釈放してしまった。これを当時の仙谷由人《せんごくよしと》官房長官は容認したばかりか、検察独自の判断であるとして政府の責任を回避し、事件の真相を秘匿《ひとく》すべく、事件の記録映像の公開を拒否したのである。

そこで、愛国心にかられた海上保安官の一色正春《いっしきまさはる》氏が映像をネットで公開し、中国の横暴さが日本国民の前に明らかになった。世論は中国と民主党政権への批判に沸き立った。

民主党政権（菅内閣）はネット流出の〝犯人〟探しに躍起《やっき》となり、名乗り出た一色氏は国家公務員の守秘義務違反容疑で書類送検され、辞職することになった。

機密を漏らしたことで一色氏を辞めさせた民主党が、第二次安倍内閣が提出した特定秘密保護法案に猛反対したのだから、開いた口が塞《ふさ》がらない。この法案は平成二十五年に成立し、翌二十六年に施行されたが、これは国家が決めた極めて高度な機密を当該部署の人間が漏洩《ろうえい》した場合に処罰するというもので、国民とはまったく関係がない。民主党は、それをあたかも国民の思想を監視する法律であるかのように宣伝したのである。

ちなみに特定秘密保護法で重要なのは、機密担当者の経歴を調べることができるようになったことである。それまでは担当者の妻や家族など、個人的な関係を調べることは禁じられていた。昔の軍隊では、将校以上は機密保持のため、上官の許可がないと結婚できなかった。それが戦後はプライバシーだの何だので、海上自衛隊員の妻の何分の一かはシナ人だというようなとんでもないことになっている。これを突破口として、重要な地位に就く人の背景を調べることができるようになったことは大きい。

また民主党政権は、日本統治時代に朝鮮総督府から宮内省に引き渡された李氏朝鮮の記録文書『朝鮮王室儀軌《ちょうせんおうしつぎき》』を、李明博の要求に応じて韓国に返還することを決め、菅総理のあとを継いだ野田佳彦《のだよしひこ》総理が、韓国で開催された日韓首脳会談時にお土産としてわざわざ持っていった。李明博は、これを韓国の遺産を日本から取り戻した「対日外交勝利」と位置づけた。

おかげで韓国は、日本にある半島に関する文化財の返還を次々に求めるようになり、李朝以前の時代に対馬《つしま》に渡ってきた重要文化財の仏像の韓国人による盗難事件についても、韓国の司法が日本に返還してはならないと命令するほどの厚顔《こうがん》ぶりである。

かつて韓国から渡ったものはすべて自分たちのものだという発想となり、あまつさえ日本の文化はすべて韓国発祥《はっしょう》であると主張し始める始末である。その傾向は以前からあったが、それに拍車をかけ、韓国をいよいよ増長させたのも民主党政権であった。

それもこれも、サンフランシスコ講和条約に反対した勢力の後裔《こうえい》なのだから仕方がないのだが、民主党政権実現を唱えた文化人や、あからさまに「政権交代」を煽《あお》る報道を行なったテレビや新聞の罪も大きいと言わざるを得ない。

安倍総理の復帰

国民も民主党政権の危うさに気づき始め、再び自民党への支持が集まり始めると、次の総裁には誰がふさわしいかという議論が起こってきた。党内では石破茂《いしばしげる》氏と石原伸晃《いしはらのぶてる》氏の勢力が強かったが、外部では安倍元総理の復帰を期待する声が高かった。

辞職後、退院して間もない安倍元総理を囲む夕食会が開かれ、その席には私もいたのだが、出席者全員が安倍氏にまったくトラウマがないことに驚かされた。新たに認可された特効薬のおかげで、病気もすっかりよくなったという。

そこで、政治評論家の故三宅久之《みやけひさゆき》氏を発起人代表として、「安倍晋三総理を求める民間人有志の会」が発足し、外から安倍氏を応援することになった。これが口コミで広まって安倍氏に期待する世論も高まり、自民党内にも促《うなが》す声があって、安倍氏は総裁選への出馬を決意した。

病気でいったん退陣したこともあり、吉田茂以来、一度辞めた総理の再登板はなかったことから、下馬評では石破氏が最有力候補だった。事実、第一回投票では石破氏がトップだったが過半数に至らず、決選投票で安倍氏が自民党総裁に選出された。そうして同じ平成二十四年の総選挙で民主党は歴史的大敗を喫し、自民党が圧勝して、第二次安倍政権が実現することとなった。

復帰した安倍総理の大きな特徴の一つは、第一次政権のスローガンであった「戦後レジームからの脱却」という言葉を使わなくなり、代わってアベノミクスと呼ばれるデフレ克服の経済政策を前面に打ち出したことである。

これは、安倍総理が戦後体制の変革や憲法改正に消極的になったわけではなく、野《や》に下っている間にじっくり考えた結果であると思う。戦後の国際秩序はアメリカ主導で行なわれたものであるから、「戦後レジームからの脱却」を性急に推し進めると、アメリカの反発を招くことに気がついたのだろう。現に、アメリカ政府のなかには安倍総理を「リビジョニスト」(歴史修正主義者)と呼んで批判する者もいる。

村山談話などを言下《げんか》に否定すると中国と韓国が大騒ぎするが、現在のオバマ政権下のアメリカは中国に対して非常に弱腰で、とにかく事を荒立てたくない、問題を起こしたくないという臆病さが顕著に見られる。尖閣問題にしても、「尖閣列島は日本の施政権にあり、安保条約の範囲内にある」とまでは言うものの、日本領であるとまでは決して言わない。

そういうオバマの臆病さを安倍総理は見てとったのだと思う。それでも、アメリカの大統領であるオバマの言うことには応じなければならない。しかし一方で、米軍関係者たちはオバマとは考え方が違うことも十分に観察してわかっているようだ。オバマが大統領になってから軍の最高司令官が数人退任しているのも、オバマと軍とが相容れない関係にあるからだろう。それで安倍総理は、軍との話を重要視しながら政策を進めているような気がする。

だから、安倍総理を外野から応援していた人たちには物足りないところがあるが、それは戦後レジームから脱し、日本のあるべき姿を取り戻したいけれども、それに対してアメリカがどう反応するかということを慎重に見きわめているからだと考えなければいけない。

こうした対米関係のジレンマを解決する手がかりが一つあると思う。それはマッカーサー発言である。

その話をする前に、一見、無関係のように思われるかもしれないが、「リビジョニスト」という言葉について説明しておく必要がある。

「リビジョニスト」の意味

リビジョニスト（歴史修正主義者）という呼び名は現在、批判的に使われているが、本来は悪い意味ではない。もともと十九世紀の後半に、イギリスにおける教会の論争で使われていた言葉であった。

それがマルクス主義者の間で使われるようになり、古典的マルクス主義を批判したドイツ社会民主党のベルンシュタインを、頑迷なスターリン主義者たちが「修正主義者」と呼んで大論争になった。戦後の日本では、暴力革命に消極的な日本共産党の一派を武力闘争派が「修正主義者」として糾弾した。つまり、マルクス主義の原理に変更を加えようとするのを異端視して「修正主義」と呼んだのである。

ところが、アメリカではまったく別の使い方をしている。

アメリカはこれという理由もなく、第一次世界大戦に参加した。ウィルソンという大統領は理想主義者ではあるが、国際連盟の創設に意欲を燃やしながら、結局、米上院議会の反対でアメリカが参加できなくなるなど、現実にそぐわない理想を語るところがあった。そのせいもあり、ドイツは悪であると信じて、アメリカは末期になってから第一次世界大戦に参加した。しかし、アメリカは近代戦争に慣れていなかったものだから、予想外の死傷者を出してしまった。銀行や大企業の経営者は大いに潤ったが、その反動で大不況も起こった。一般の国民からすれば、これほど多くの犠牲を払ってまで、いったい何のために戦争をしたのかと納得がいかなかった。

そこでもう一度、歴史を見直してみようというリビジョニストが現れたのである。すると第一次世界大戦はドイツが始めたものではない、必ずしもドイツが「悪」であるわけではないことがわかった。ドイツが軍事動員令を出したのはフランスやロシアよりも遅かったのだから、これではドイツが戦争を起こしたとは言えないではないか。

だから、アメリカのリビジョニストたちは非常に意義のある歴史の見直しを行なったわけである。ところが、それと時を同じくしてヒトラーが登場した。そのため、リビジョニストが弁護したのは第一次世界大戦時のドイツ政府であったのに、ヒトラーを弁護したかのように捉《とら》えられた。それ以来、アメリカでは「リビジョニスト」といえばヒトラーの支持者ということになってしまった。いまでいえばネオナチの信奉者である。

しかし、歴史を見直すという作業はいつの時代でも当然、行なわれるべきことである。そして大東亜戦争を見直した最大のリビジョニストは、実はマッカーサーなのである。

「リビジョニスト」マッカーサーの重大証言

マッカーサーは朝鮮戦争で核攻撃を主張して、昭和二十六年（一九五一）四月、戦争のさなかに更迭《こうてつ》された。そして五月にアメリカ上院軍事外交合同委員会で当時の日本の状況を述べたあと、「したがって日本人が戦争に入った目的は、主として自衛のためであった」(Their purpose, therefore, in going to war was largely dictated by security.) と重要な証言を行なったのである（第2章「東京裁判の図式」参照）。

これは彼の独白でも、プライベートな席で友人に語ったのでもない。民間人を前にして演説したのでもない。上院軍事外交合同委員会という、これ以上ない公の場で証言したのである。これは一点の曇りもない決定的な歴史的事実である。だから、マッカーサーこそ最高のリビジョニストだということができる。

この証言について私が初めて耳にしたのは、松井石根《まついいわね》大将の秘書だった田中正明氏の「マッカーサーも日本の侵略戦争を否定している」という話だった。しかし、どこで読んだのかは覚えていないというので調べたところ、機密文書でも何でもない。『ニューヨーク・タイムズ』に証言の全文が掲載されていたのである。

その重要な部分の日本語訳は、以下のとおりである。

〈日本は絹産業〔蚕〕以外には、固有の産物はほとんど何も無いのです。彼らは綿が無い、石油の産出が無い、錫《すず》が無い、ゴムが無い。その他実に多くの原料が欠如してゐる。そしてそれらの一切のものがアジアの海上には存在してゐたのです。

もしこれらの原料の供給を断ち切られたら、一千万から一千二百万の失業者が発生するであろうことを彼らは恐れてゐました。したがつて彼らが戦争に飛び込んでいつた動機は、大部分が安全保障の必要に迫られてのことだつたのです〉（小堀桂一郎編『東京裁判　日本の弁明』講談社学術文庫564、565ページ）

この内容は、東條英機《とうじょうひでき》首相の東京裁判における主張と一致する。東條首相は宣誓供述書のなかで、「日本は侵略戦争をやったのではない。常に受身で自存自衛のために戦ったのである」と語っている。

東京裁判は、連合国がナチスを裁いたニュールンベルグ裁判と同様に日本を裁こうとしたものだが、その全権を連合国から委譲《いじょう》されたのがマッカーサーであった。だからマッカーサーは国際法によらず、マッカーサー条例で裁いた。言い換えれば、東京裁判とはマッカーサーそのものである。東京裁判で日本を侵略国であると決めつけたのが公式的な世界の見方になっているのだが、その首唱者であるマッカーサー自身が、東條首相の死刑執行（昭和二十三年）から三年後に、まるで弁護人のように東條と同じ主旨の証言を行なっているのである。ニュールンベルグ裁判でナチスを裁いた人間が、のちにヒトラーやゲーリングの弁護をするなどということがあっただろうか。

にもかかわらず、マッカーサーのこの発言は当時の日本の大新聞で報道されたことがなく、今日に至るまでマスメディアで報道されたという話を聞いたことがない。

このマッカーサー発言が行なわれた当時の日本はまだ米軍の占領下にあったから、報道できなかったのかもしれない。しかし、翌年の独立回復を待って「それっ！」とばかりに書き立てればよかった。昭和二十六、七年といえば、まだ戦争の記憶も生々しかったが、占領軍が教科書の都合の悪い部分を墨で塗り潰させ、日本が一方的に悪かったという宣伝を行なっていた時代だったから、その効果は絶大だったろう。七十年後の今日もなお、日本が東京裁判史観に呪縛されているようなことなどなかったかもしれない。

浮かばれなかったのは戦死者の遺族である。私はいまでも、ある未亡人の「かくばかり卑《いや》しき国となりたれば　捧げし人のただに惜しまる」という和歌を覚えている。夫を戦争に出したくはなかったが、お国のためだからと捧げたのに、戦後は犬死にのように言われるのが「ただただ惜しい」と悲嘆にくれているのである。

息子を捧げた親もいるし、兄を捧げた弟妹も大勢いた。このマッカーサー証言が大々的に報道されていれば、そうした遺族たちはどれだけ救われたことだろう。この事実はすべての日本人が知るべきであり、世界中の人に知らせるべきものである。

ところが、そもそも専門家である外務省情報調査局局長だった故岡崎久彦氏ですらそれを知らず、驚いて私に資料提供を依頼してきた。外務省が知らなかったくらいだから、他の官僚や政治家が知るわけがない。

私自身も機会あるごとにマッカーサー証言について語ってきたが、私の読者は知っていても、なかなか世に広まっていかない。「チャンネル桜」でも何カ月間か毎日放送してくれたのだが、地上波ではないし、やはりすでに知っている保守系の人ばかりが観るのでなかなか広がらない。しかし、この事実を利用できないのは何としても惜しい。

いまだに世界と日本の戦後史観を支配しているいわゆる「東京裁判史観」は、「東條・マッカーサー史観」に換えられるべきであろう。「リビジョニスト」マッカーサーの証言を世界に対して恒久的《こうきゆうてき》に発信し続けることが、第二次安倍政権の重要な使命の一つであると思う。あまり性急にやると反動が大きすぎるかもしれないが、すべての日本人が

「マッカーサーは、大東亜戦争は侵略戦争ではなく、自衛戦争だったと証言している」と言い続けることによって、徐々に世界に広がっていくことを期待している。

中国に対する日米の軍事協力を

安倍総理が対米関係を慎重に進めている理由の一つに、中国の問題がある。

中国は猛烈な勢いで軍拡を続けている。十数年前くらいまでは、自衛隊の軍事力のほうがずっと上だと言われていた。しかし現在では、日本独力で中国と戦うことは不可能だ。アメリカ軍だけでも難しいのではないか。

平成八年（一九九六）、台湾の李登輝《りとうき》元総統が初の総統直接選挙を行なったとき、中国は台湾に向けてミサイル発射実験を行なって威嚇《いかく》した。そこでアメリカが台湾海峡に航空母艦二隻を派遣して牽制するととてもかなわないというので、中国は矛《ほこ》を収めた。いまでは、そんな脅しがきくかどうか疑問である。ところが、安倍総理は集団的自衛権を行使できるようにした。これは非常に重要なことで、集団的自衛権の行使によって日本とアメリカが軍事的に手を握れば、さしもの中国も手が出せなくなる。

考えてみればわかることだが、七十年前の戦争で機動部隊を持っていたのは日本とアメリカだけである。ドイツにもソ連にも航空母艦はなかった。イギリスには航空母艦はあったが、機動部隊はつくれなかったのである。日米の海軍力は圧倒的だった。その日米が手を組んだら、いかに中国が軍拡に血眼《ちまなこ》になろうとかなわない。そうやって戦争を回避し、睨《にら》みをきかせてジッと待っていればいい。そのうち中国共産党が崩壊するか、うまくいけば総選挙をするような国になるかもしれない。どこの国でも、総選挙があれば現段階で戦争などできはしない。

たしかに、現在の米中関係は経済的利害で結びついている。米ソ冷戦時代は、アメリカとソ連の間に経済関係も貿易関係もなかったから、図式としては非常にわかりやすかった。外交官のジョージ・ケナンがソ連と共産主義の「封じ込め作戦」を主導し、米ソは軍拡競争をエスカレートさせていった。そのうちにソ連がついていけなくなって崩壊した。中国にはアメリカ資本も深く入り込んでいるから冷戦時代のようには簡単にはいかないが、発想としてはケナンと同じでいい。中国の民度が上がり、総選挙が行なわれる時代が来るまで、必要とあれば軍事費を増やし、武力を増強して、日米が手を携《たずさ》えて中国を封じ込めながら待つしかない。そのためにも、日米関係を良好に保つ必要がある。

日本の今後は、対米外交と自衛力増強にかかっている。安倍総理の手腕に期待したい。

本書は、弊社より二〇一〇年二月に発刊された『渡部昇一「日本の歴史」
第7巻 戦後篇 「**戦後**」**混迷の時代に**』を、改題・改訂した新版です。

渡部　昇一（わたなべ・しょういち）

上智大学名誉教授。英語学者。文明批評家。1930年、山形県鶴岡市生まれ。上智大学大学院修士課程修了後、独ミュンスター大学、英オクスフォード大学に留学。Dr. phil., Dr. phil. h.c.（英語学）。第24回エッセイストクラブ賞、第1回正論大賞受賞。著書に『英文法史』などの専門書、『文科の時代』『知的生活の方法』『知的余生の方法』『アメリカが畏怖した日本』『取り戻せ、日本を。 安倍晋三・私論』『読む年表 日本の歴史』などの話題作やベストセラーが多数ある。

渡部昇一「日本の歴史」第７巻　戦後篇
「戦後」混迷の時代から

2015年７月27日　初版発行

著　者　渡部　昇一

発行者　鈴木　隆一

発行所　ワック株式会社
東京都千代田区五番町４-５　五番町コスモビル　〒102-0076
電話　03-5226-7622
http://web-wac.co.jp/

印刷製本　図書印刷株式会社

ISBN978-4-89831-722-8